U0563944

思想学术系列

佛教史话

A Brief History of Buddhism in China

魏道儒 / 著

社会科学文献出版社
SOCIAL SCIENCES ACADEMIC PRESS (CHINA)

图书在版编目（CIP）数据

佛教史话/魏道儒著．—北京：社会科学文献出版
社，2011.8
（中国史话）
ISBN 978 - 7 - 5097 - 2596 - 2

Ⅰ．①佛…　Ⅱ．①魏…　Ⅲ．①佛教史 - 中国 - 古
代　Ⅳ．①B949.2

中国版本图书馆 CIP 数据核字（2011）第 150762 号

"十二五"国家重点出版规划项目

中国史话·思想学术系列

佛教史话

著　　者／魏道儒

出 版 人／谢寿光
总 编 辑／邹东涛
出 版 者／社会科学文献出版社
地　　址／北京市西城区北三环中路甲 29 号院 3 号楼华龙大厦
邮政编码／100029

责任部门／人文科学图书事业部　（010）59367215
电子信箱／renwen@ssap.cn
责任编辑／赵子光　赵　亦
责任校对／谢　敏
责任印制／岳　阳
总 经 销／社会科学文献出版社发行部
　　　　　　（010）59367081　59367089
读者服务／读者服务中心（010）59367028

印　　装／北京画中画印刷有限公司
开　　本／889mm×1194mm　1/32　印张／5.625
版　　次／2011 年 8 月第 1 版　　字数／103 千字
印　　次／2011 年 8 月第 1 次印刷
书　　号／ISBN 978 - 7 - 5097 - 2596 - 2
定　　价／15.00 元

总　序

　　中国是一个有着悠久文化历史的古老国度，从传说中的三皇五帝到中华人民共和国的建立，生活在这片土地上的人们从来都没有停止过探寻、创造的脚步。长沙马王堆出土的轻若烟雾、薄如蝉翼的素纱衣向世人昭示着古人在丝绸纺织、制作方面所达到的高度；敦煌莫高窟近五百个洞窟中的两千多尊彩塑雕像和大量的彩绘壁画又向世人显示了古人在雕塑和绘画方面所取得的成绩；还有青铜器、唐三彩、园林建筑、宫殿建筑，以及书法、诗歌、茶道、中医等物质与非物质文化遗产，它们无不向世人展示了中华五千年文化的灿烂与辉煌，展示了中国这一古老国度的魅力与绚烂。这是一份宝贵的遗产，值得我们每一位炎黄子孙珍视。

　　历史不会永远眷顾任何一个民族或一个国家，当世界进入近代之时，曾经一千多年雄踞世界发展高峰的古老中国，从巅峰跌落。1840 年鸦片战争的炮声打破了清帝国"天朝上国"的迷梦，从此中国沦为被列强宰割的羔羊。一个个不平等条约的签订，不仅使中国大量的白银外流，更使中国的领土一步步被列强侵占，国库亏空，民不聊生。东方古国曾经拥有的辉煌，也随着西方列强坚船利炮的轰击而烟消云散，中国一步步堕入了半殖民地的深渊。不甘屈服的中国人民也由此开始了救国救民、富国图强的抗争之路。从洋务运动到维新变法，从太平天国到辛亥革命，从五四运动到中国共产党领导的新民主主义革命，中国人民屡败屡战，终于认识到了"只有社会主义才能救中国，只有社会主义才能发展中国"这一道理。中国共产党领导中国人民推倒三座大山，建立了新中国，从此饱受屈辱与蹂躏的中国人民站起来了。古老的中国焕发出新的生机与活力，摆脱了任人宰割与欺侮的历史，屹立于世界民族之林。每一位中华儿女应当了解中华民族数千年的文明史，也应当牢记鸦片战争以来一百多年民族屈辱的历史。

当我们步入全球化大潮的21世纪，信息技术革命迅猛发展，地区之间的交流壁垒被互联网之类的新兴交流工具所打破，世界的多元性展示在世人面前。世界上任何一个区域都不可避免地存在着两种以上文化的交汇与碰撞，但不可否认的是，近些年来，随着市场经济的大潮，西方文化扑面而来，有些人唯西方为时尚，把民族的传统丢在一边。大批年轻人甚至比西方人还热衷于圣诞节、情人节与洋快餐，对我国各民族的重大节日以及中国历史的基本知识却茫然无知，这是中华民族实现复兴大业中的重大忧患。

中国之所以为中国，中华民族之所以历数千年而不分离，根基就在于五千年来一脉相传的中华文明。如果丢弃了千百年来一脉相承的文化，任凭外来文化随意浸染，很难设想13亿中国人到哪里去寻找民族向心力和凝聚力。在推进社会主义现代化、实现民族复兴的伟大事业中，大力弘扬优秀的中华民族文化和民族精神，弘扬中华文化的爱国主义传统和民族自尊意识，在建设中国特色社会主义的进程中，构建具有中国特色的文化价值体系，光大中华民族的优秀传统文化是一件任重而道远的事业。

当前，我国进入了经济体制深刻变革、社会结构深刻变动、利益格局深刻调整、思想观念深刻变化的新的历史时期。面对新的历史任务和来自各方的新挑战，全党和全国人民都需要学习和把握社会主义核心价值体系，进一步形成全社会共同的理想信念和道德规范，打牢全党全国各族人民团结奋斗的思想道德基础，形成全民族奋发向上的精神力量，这是我们建设社会主义和谐社会的思想保证。中国社会科学院作为国家社会科学研究的机构，有责任为此作出贡献。我们在编写出版《中华文明史话》与《百年中国史话》的基础上，组织院内外各研究领域的专家，融合近年来的最新研究，编辑出版大型历史知识系列丛书——《中国史话》，其目的就在于为广大人民群众尤其是青少年提供一套较为完整、准确地介绍中国历史和传统文化的普及类系列丛书，从而使生活在信息时代的人们尤其是青少年能够了解自己祖先的历史，在东西南北文化的交流中由知己到知彼，善于取人之长补己之短，在中国与世界各国愈来愈深的文化交融中，保持自己的本色与特色，将中华民族自强不息、厚德载物的精神永远发扬下去。

《中国史话》系列丛书首批计 200 种，每种 10 万字左右，主要从政治、经济、文化、军事、哲学、艺术、科技、饮食、服饰、交通、建筑等各个方面介绍了从古至今数千年来中华文明发展和变迁的历史。这些历史不仅展现了中华五千年文化的辉煌，展现了先民的智慧与创造精神，而且展现了中国人民的不屈与抗争精神。我们衷心地希望这套普及历史知识的丛书对广大人民群众进一步了解中华民族的优秀文化传统，增强民族自尊心和自豪感发挥应有的作用，鼓舞广大人民群众特别是新一代的劳动者和建设者在建设中国特色社会主义的道路上不断阔步前进，为我们祖国美好的未来贡献更大的力量。

陈奎元

2011 年 4 月

⊙魏道儒

作者小传

魏道儒，1990年6月毕业于中国社会科学院研究生院，获哲学博士学位。2002年获国务院政府特殊津贴。现任中国社会科学院世界宗教研究所佛教室主任，中国社会科学院佛教研究中心主任，研究员，博士生导师。著有《中国华严宗通史》、《中华佛教史·宋元明清卷》、《宋代禅宗文化》、《禅宗无门关》、《坛经译注》等，合著有《中国禅宗通史》《佛教史》等，合译有《早期佛教与基督教》、《宗教生活论》等。

目 录

一 "一个幻想的太阳"

中华民族引进异国文化，有过一系列历史创举。对佛教的吸收容摄、改铸重塑，曾经是轰轰烈烈，历时长久。这些虽然是陈旧又陈旧的历史往事，其中值得深入思考的问题却不少。

从两汉之际到唐宋，域外佛教的持续输入高潮迭起。外籍和汉族僧侣或东来传教，或西去求法，在传播佛教的同时，也增进了各国间的文化交流，加深了各族间的相互理解，建立了彼此珍视的友谊。他们的活动直接开阔了人类的文化视野，激发起超出宗教范围的创造智慧。

当佛教进入中原大地时，它在域外已经成长发育了约500年，是一种成熟丰满的宗教形态，自然带有浓重的异国情调。经过中国社会的长期熏染陶冶，佛教文化与汉文化从冲突碰撞到协调融合，形成了它适应中国社会的独特外貌和内在精神，具有旺盛顽强的生命力，并且彻头彻尾地浸透到汉文化的各个层面。

佛教义学恢弘博杂，曾长期成为中国意识形态领域有影响的思潮，并且代表过某些时代抽象思维所能达到的水平。佛教学僧创用的一系列名词、概念、命题及其思辨方式，颇有活力地运行于中国古代思想界。从玄学到理学，从道家哲学到儒家哲学，受佛教的浸润程度随时代前进而不断加重。中国的所谓儒、释、道三种教化体系，实际上处于你中有我、我中有你的混融状态。到了近代，某些进步的思想家仍然埋头发掘古老的佛教义学，寻觅构造新哲学的材料。

中国佛教的典籍汗牛充栋，既有出自著名翻译家之手的大量汉文译籍，又有数量更为庞大的中国僧俗的撰述。在很长的历史时期内，佛典并非只是在僧侣的案头摊开，而是普遍流行于社会各个阶层。在浩如烟海的各类佛教典籍中，不仅有教化世人的佛言祖语、荒诞神话，更有古人社会生产和生活实践的实录，内容广泛，包罗万象。这些典籍实际上具有佛教遗产和世界文化珍品的双重价值，是具有不可取代性的、尚待进一步开发的古代文化宝藏。

在封建社会历史上，佛教曾对缓和社会冲突发挥过重要作用。阶级压迫、民族压迫、战争破坏以及各种天灾人祸，往往使农民失掉原来的生产和生活场所。他们被社会抛弃后无奈流入佛门，在那里找到重新生活的天地。禅宗的形成和发展，更使中国佛教这种特殊的社会缓冲作用表现得极为充分。从隋唐初期开始，避世求生的禅僧群体垦荒开田，自耕自食，农禅并举，为南北朝以来就存在的流民逃僧提供了生活基地和精神家园。

中国社会的一系列重大实践，往往使佛教理论发生根本改观。

印度佛教原有一套严整细密的戒律系统，这是异国的宗教伦理体系。它的核心内容直接与儒家伦理观念相抵触，形成水火之势。在不断的交锋中，佛教侧重向儒家的纲常名教倾斜，使其伦理观念实现了脱胎换骨的转变。佛教僧侣虽然长久地保持着超然世外的姿态，却逐渐坚定了协契皇极、维护纲常名教的立场。佛教的佛、菩萨和善神也逐渐具备了劝忠劝孝的功能。佛教倡导的由善恶果报引起生死轮回的说教，在中国社会影响深广，但是判定善恶的标准，不容置辩地建立在儒家纲常名教的基础之上。纲常名教实际上成了作为中国宗教都必须具备的宗教伦理脊骨，佛教自然也不例外。至于宋代及其以后僧侣所表现出的更炽烈的爱国主义情感，则进一步淡化了佛教的异族色彩。

佛教推出的佛、菩萨和诸神，曾慰藉过苦难世界中的受伤心灵；它描绘的极乐世界情景，曾引起芸芸众生的虔诚向往；它传授的求助诸神佑护、达到个人解脱的种种操作方法，曾使许多人不顾一切去模仿修习。建寺造塔、开凿石窟、写经塑像，名目繁多的功德佛事曾蔚成风气，至今还留存数不胜数的珍贵古典艺术品。当人们对自我丧失信心时，很可能去抬高佛神的价值，赋予诸神以无边神通和无限能力，然后又拜倒在自己塑造的神灵脚下祈求恩赐。但是，不堪忍受世俗压迫的人们也会借用佛教作为造反起义的旗号，鼓励人们为创造美好人间而战。生死轮回、菩萨佑护、诸佛实在，这一切对激发造反者视死如归的战斗精神，都曾起过程度不同的作用。脱胎于正统佛教的一些民间秘密宗教团体，也利用佛教的某些信仰来团结信徒，增强凝聚力。

在中国佛教的演变进程中，既有过辉煌的鼎盛阶段，也有过衰败的"末法"时期（指佛法将灭的佛教用语）。封建帝王的政治需要，官僚士大夫的生活态度，底层民众的现实追求，不同程度地制约着佛教的起伏波动和转型变态。

"宗教只是幻想的太阳，当人还没有开始围绕自身旋转以前，它总围绕着人而旋转"（马克思：《〈黑格尔法哲学批判〉导言》）。佛教也是一个幻想的太阳，在时而炫目、时而黯淡的佛光中，有人的世俗业绩、世俗生活、世俗追求和世俗情感。谨呈读者的这本小册子，自然无能对内容广泛的中国佛教进行深入分析或系统论述，只想勾勒出这个幻想的太阳长久旋转的大体轨迹。对于没有系统研究过中国佛教的笔者来说，这已经是不小的奢望了。

二 佛教初传与早期形态

 域外佛教一瞥

公元前 6 世纪至前 5 世纪，印度恒河流域地区诸国争霸，思想界也呈现出前所未有的"百家争鸣"局面。相继涌现的诸派沙门领袖竞立新说，逐渐汇聚成多层次冲击婆罗门教神学体系的时代思潮。佛教作为沙门运动中的一派，在斗争中发展壮大起来。

根据晚出的传说，佛教创始人名悉达多，姓乔达摩，出身于刹帝利种姓，是迦毗罗卫国（今印度、尼泊尔接壤处）净饭王的太子。乔达摩（约公元前566～前486年）自幼受过良好的传统教育，29 岁时，因有感于人生的痛苦，出家访道，寻求解脱，成为沙门运动中的一员。35 岁时，他通过独立思考，完成了以"四谛"（四真理）为框架的教义体系，此后便在恒河流域一带从事收徒传教活动，历时 45 年。信徒往往尊称乔达摩为释迦牟尼，意为"释迦族的贤人"。最通用的"佛"或"佛陀"称号，是"觉悟者"的意思。

约公元前 4 世纪，佛教僧团发生了影响深远的分裂，形成上座部和大众部。在此后的约 500 年间，从这两个系统中相继独立出二三十个派别，一般称"十八部派"。传说印度孔雀王朝的阿育王（公元前 269～前 236 年）积极扶植佛教，支持编集佛教典籍，派遣高僧四处传法，使佛教开始从地区宗教向世界宗教过渡。佛教的势力西达地中海东岸诸国，北到克什米尔、白沙瓦，南进斯里兰卡。在不间断的传播过程中，佛教分为南北两条延伸路线：以斯里兰卡为基地向东南亚流传的，称为南传佛教；以克什米尔、白沙瓦为基地，向大月氏、康居、大夏、安息以及我国新疆地区流传的，称为北传佛教。我国汉地佛教以北传为主，兼有南传的一些影响。

约公元前 11 世纪，随着佛教广泛流行，在家信徒成为推动佛教变革的强劲社会力量。在印度南方的案达罗王朝、北方的贵霜王朝、恒河平原的吠舍离等地，涌现诸多新经典，兴起佛教新思潮，称为"大乘佛教"。公元前后，大乘佛教开始流传到印度全境，并影响周边国家和地区。与此前的佛教诸派别相比，大乘佛教的个性特征十分突出：它把深入社会和拯救众生作为自我解脱的前提，不再以个人解脱为主要修行目的；它强化对佛的崇拜、编造佛的神话、扩大成佛的范围，突破了僧侣或在家信徒不能成佛的传统观念；它继承了四谛、十二因缘、业报轮回等旧教义和许多具体戒律，注重从理论上重新诠释和发挥，从而使佛学的思辨色彩更浓厚，使佛教的抽象思维水平产生了飞跃；它吸收外道（佛教以外的宗教或哲学派别）思想，容纳民间巫术，使佛教具有了更广泛的社会适应性。大乘佛教把此前的佛教诸派贬称为"小乘佛教"，以显示自己的更优越、更神圣。在相当长的历史时期内，大乘和小乘并行发展和传播，其间也时常发生教义上的论辩和宗派上的明争暗斗。

大乘佛教在发展过程中，逐步形成了中观和瑜伽行（唯识）两个经院气十足的教派，两派都经历了不同的发展阶段。两派的教理虽有差别，但都沿着思辨的路子向前走，烦琐学风日盛一日，逐渐成了极少数知识僧侣的专利，流行在几个重要寺院中，与社会民众越来越隔离。佛教发展的最后趋向，是持续吸收各地民间信仰，接纳咒语巫术之类，使大乘佛教密教化。7 世纪产生的密教，在宗教精神上与印度教协调一致。由此开始，恰值我国的隋唐时代，印度佛教呈现出衰落之势，中国佛教进入昌盛阶段。中国开始成为世界佛教的中心地，一方面持续输入域外佛教因素，一方面以佛教输出为桥梁，向相邻国家和地区传播多姿多彩的汉文化。

8 世纪以后，密教逐步风行全印度，佛教与印度教和民间巫术的界限已难于区分。在密教之中，既有可贵的养生术和健身法，又拥有多种形式的巫术、密咒的成分，有浓厚的神秘主义色彩。系统的密教在唐代传入我国，对汉地佛教的影响不算很强烈。密教传入西藏地区后，同当地苯教相结合，形成"藏密"或"西密"。从西藏和缅甸传入云南大理地区的密教，与当地少数民族信仰相结合，形成阿阇黎教，或称"滇密"。从我国传到日本的两支密教派系，一名"东密"，一名"台密"。12、13世纪，伊斯兰教风卷残云般地把佛教从其故土上排除，佛教流行在印度之外的广大亚洲地区。

包括基督教、伊斯兰教在内的三大世界宗教中，佛教的历史最久长。在亚洲各地区、各民族间的文化交流和友好来往中，佛教发挥过不可取代的桥梁作用。中国佛教在这个广袤的文化圈中举足轻重。同时，在相当长的历史时期内，中国佛教的演变不仅受本国社会形态的决定性制约，也与这种域外佛教兴衰变化的国际环境息息相关。

2 汉代佛教传播

大约公元前2世纪后期，印度佛教经由中亚细亚，沿着著称于世的"丝绸之路"辗转进入今天的新疆地区。这是佛教传入我国的开端，但当时对汉地尚无影响。

西汉末年到东汉初年，西域各国使臣或商贾出于政治、经济目的来华，也把他们信奉的佛教带到内地，并且很快使之在上层社会中流传。据《三国志·魏志·东夷传》注引《魏略·西戎传》，西汉哀帝元寿元年（公元前2年），博士弟子景庐接受大月氏王使臣伊存口授的《浮屠经》（即佛经），由此拉开了佛教在汉地传播的序幕。

在汉末以来的各类佛教典籍和正史野史中，对"汉明感梦"的故事记述最多。据说，汉明帝某夜梦见一位"神人"，身有日光，飞在殿前。第二天，明帝将梦境告知朝见的群臣，通人傅毅认为此"神人"即是佛。于是，明帝遣使者前往西域，到大月氏抄回《四十二章经》，并在洛阳城西雍门外建起汉地第一座佛寺，即"白马寺"。

有关佛教初入中土的记载颇多，除去极明显的杜撰伪说，像"汉明感梦"之类包含若干史实的描述，也往往与神话交织缠绕。"汉明感梦"的故事不可能完全属实，也不能作为佛教传入中土之始，但它反映出佛教当时已在皇室贵族阶层有相当影响。在我国历史上，有记载的第一位奉佛皇室贵族，就是汉明帝的异母兄弟楚王刘英。

据《后汉书·楚王英传》，刘英既喜好黄老道术，又信奉佛教，并且把两者结合起来。刘英的奉佛活动主要有三项：按照佛教的要求实行"斋戒"，即遵守未出家信徒不杀生、不偷盗、不邪淫、不妄语、不饮酒等基本戒条，遵守不佩戴香花、不视听歌舞、过午不食等禁欲主义的生活规定；招徕包括方士在内的外籍僧侣，供其食物；把黄帝、老子和浮屠（佛）无差别地视为可祈求佑护的神灵，并行祭祀。刘英的诸种做法得到汉明帝的认可和赞许，反映出上层社会对初来佛教的一般认识和理解。

汉明帝之后百余年，关于佛教的传播情况史籍缺载。到东汉末年，特别从汉桓帝统治时期开始，佛教在社会动荡中迅速发展起来，不仅行于宫廷，而且走向民间。

汉桓帝刘志（147～167年）仿效楚王英的做法，在宫中将黄老和佛并行祭祀，为个人和国家求福祥。这位我国历史上第一位信奉佛教的皇帝，进一步把佛作为王室崇拜的对象。帝王追求永延国祚，佛也就被赋予这样的神圣功能。

汉末最著名的信佛的地方官僚是笮融。他活动于汉灵帝和汉献帝之时，早年奉佛，在投奔徐州牧陶谦后，管理广陵（江苏扬州）、下邳（江苏宿迁）和彭城（江苏徐州）的运漕，利用手中掌握的大批粮食，促进佛教在这些地区的发展。他建造的佛寺规模宏大，可以容纳3000人，铸造的铜佛像以金为饰，并且举办浴佛法会（纪念佛诞生日）。他以信佛免役为号召，招徕民户，扩大信徒队伍，并且召集民众听讲佛经。他还在大路上施舍饭食，长达数十里，就食者达万人。佛教的声势至此空前浩大。

与笮融基本同时代的另一位信佛名人是牟子。关于此人的真伪，学术界的意见分歧较大。现代多数学者认为，牟子于汉末将母避乱交趾（治所在今越南河内），撰写了《理惑论》一文。他全力排斥道教神仙辟谷之术，从伦理观上为僧人辩护，宣扬佛教基本教义，侧重佛学与儒家五经和道家《老子》的调和。像牟子这样的避乱之人，最初把佛教从北向南带到交州；同时，也有人沿海路从马来半岛把佛教输入交州。交州大约是佛教在南北两条路线上传播的交汇地。

从西汉末到东汉末的200年间，佛教经历了从流行于宫廷到进入民间的社会传播路线。皇室贵族和地方官僚，利用政治和经济手段推动了佛教的流行。有知识的崇佛文人，则把佛教教理推向社会各个阶层。从佛教传播的地域看，洛阳始终是汉代佛教的中心地，由此向南，佛教逐渐传到江淮流域，以彭城、广陵、丹阳为重镇，旁及颍川、南阳、下邳、豫章、会稽，并且直达广州、交州。下面在简单介绍译经人的活动时，这些有形的传播路线会更清晰。

 ## 汉代佛经翻译

汉桓帝到汉献帝时期，是我国佛经翻译史上的第一个高潮期，汉代佛教译籍基本完成于这40余年间。据《出三藏记集》，汉代译出佛典54部74卷。知名的译经人有来自安息的安世高、安玄；来自大月氏的支娄迦谶、支曜；来自康居的康孟祥；来自古印度的竺佛朔。他们的译事没有朝廷的组织和支持，分散进行，主要得力于民间信徒的资助。少数汉族文人直接参与译事，充当助手，成为汉族最早的佛经翻译家。

汉代译籍兼有大小乘佛教经典，人们当时还不能区分，同视为佛所讲说。在所有的译经人中，以安世高和支娄迦谶的译籍最具影响。

安世高名清，号称"安侯"，原为安息国王的太子，后放弃王位继承权，外逃出家，于汉桓帝初年到达洛阳，学通汉语，从事译经。汉灵帝末年，他避乱南走广州，后客死会稽。传说安世高懂医道，善异术（特异功能、魔术之类），解鸟兽之言，与当时的方士有相似的本领。他活动于我国南北各地 40 年左右，前后译出经典达 34 部 40 卷，以《阴持入经》和《安般守意经》为代表译作。

安世高的译籍，多属小乘佛教说一切有部（十八部派之一），所传理论被概括为"禅数"之学。"禅数"与"定慧"、"止观"的含义大体相近似，"禅"指禅定，"数"指按数字顺序编排的佛教义理，如"四禅"、"五蕴"、"六识"、"七觉支"、"八正道"等等。禅数作为佛教的一种重要修行方法和理论，其最主要的特点，是要求人们把注意力集中于规定的修习对象，按照特定程序思考，以形成宜于宗教修行的心理感受和精神状态，最后达到符合佛教教义的特定认识。

根据安世高译的《安般守意经》，禅修先从数息开始，从一至十反复数气息出入，不得紊乱和增减。经过一段时间练习，进而把注意力从呼吸次数转到一呼一吸的气息运行上，最后再把全部意念集中到鼻头。在能够达到自我意念调控之后，按照特定程序进行思考，创造出相应的意境，最后取得所谓"制天地"、"住寿命"的功效。这种禅法的具体操作和追求目标，与当时神仙方术家的呼吸吐纳养生之术颇相似，所以很容易为人们理解和接受。

安世高在译经传教过程中，身边也聚集了一批汉族信徒，主要有严佛调、南阳韩林、颍川皮业、会稽陈慧等人。其中严佛调是我国历史上第一位汉籍出家人，也是有记载的汉代唯一的一位。他除了协助安译经外，还著有《沙弥十慧章句》，这是我国第一部汉僧佛教著作。从现存的序文看，可能引用了不少佛教经典，发挥安世高的学说。

支娄迦谶是大月氏人，汉桓帝末年到达洛阳，汉灵帝时着手译经，共译出佛经 14 部 27 卷，以《道行般若经》、《首楞严三昧经》和《般舟三昧经》为主。前一部经是讲大乘般若（意为智慧）理论的，后两部以讲大乘禅法为主，理论上与般若类经典相互补充。他是把般若学传入汉地的第一人，当时虽然没有多大影响，但到了两晋，般若说的怀疑论倾向与否定权威的批判精神，同玄学相激荡和融合，在中国思想界引起了强烈反响。

翻译佛经的过程，也是中国传统文化与外来佛教文化相融合的过程。参加助译的中土文人对佛教越陌生，担任主译的外籍译家对汉文化越隔膜，佛教译籍的中国化特色就越浓重。在翻译佛典中的某些重要名词、概念时，译者常选用最有中国文化特点的流行词汇，这样一来，佛典虽然容易为中土人士所理解，但佛教的义理也随之有所改变。与晋代以后的佛教译籍相比较，汉代译籍多用道家术语，如"涅槃"译作"无为"，"禅定"译成"守一"，"地狱"译作"太山"，"真如"或译"本无"，或译"自然"，或译"璞"，等等。这反映了汉代佛教受道家及神仙方术影响之深。

 4　汉代佛教风貌

到东汉末年，域外佛教已有六七百年的历史，学派众多，典籍浩繁。然而，汉代来华传教的僧俗为数较少，译出的译典十分有限，人们远不能认识佛教的整体面貌和主要精神。各阶层人士理解和接受佛教，首先受到本民族传统宗教观念和思想文化的制约和支配。

西汉初年，黄老思想曾是统治阶级施政的理论基础。汉武帝独尊儒术之后，它逐渐与神仙信仰、阴阳五行学说及各种方术结合，通行于汉代社会各阶层。在与儒家思想和黄老道术衔接、协调过程中，初传佛教展示出自己的独特风貌。

《理惑论》所提出的诸多观点，代表了汉代人对佛教的基本认识。据解释，"佛"是一种"谥号"，与三皇神、五帝圣没有什么区别，乃是"道德之元祖，神明之宗绪"。这样一来，佛就具有了与儒家、道家神灵大致相同的地位。佛具有无限神通，可以分身散体，能小能大，能圆能方，并且蹈火不烧，履刃不伤。这与《庄子·齐物论》描述的"至人"基本一致。把佛视为大神，自然要像对待本土神灵一样顶礼膜拜，祈求佑护。楚王刘英、汉桓帝刘志等把黄老浮屠并祀，正反映了这种心态。佛作为人们祈求现世利益和来世幸福的信仰对象，自佛教初传而形成，此后也没发生根本性变化。

依佛教的观点，现实社会充满苦难，世俗情欲是引起苦难的总根源，要想达到解脱，必须割断对世俗生活的主观迷恋和实际追求。与汉代各类方士相比，佛教僧人宗教实践方面的苦行、禁欲色彩十分明显。

外籍僧人倡导视富贵如粪土，视美女如骷髅，一日一食，修道生活严酷。对此不屑一顾的某些中土人士认为，沙门生活既不符合好富贵、恶贫贱的人之常情，也与孔子讲的"食不厌精"之类大异其趣。相反，信仰佛教的人士对此大加称赞。襄楷曾上书汉桓帝，讲佛教的"省欲去奢"，以此规劝帝王，使佛教的苦行、禁欲具有了教化功能。至于佛教僧侣抛弃妻子骨肉，剃除须发离家修道，与儒家伦理观念完全背道而驰，在一开始就受到激烈抨击。信奉佛教的人士则认为，这些作为恰恰是体现了最高的孝道。佛教就在这种毁誉激烈的舆论环境中寻生存、求发展。

佛教把戒杀放在戒律的首位，特别予以强调。所谓戒杀不仅是指人，而且及于昆虫蝼蚁，这在中国经典中极少见。在汉末的动乱年月中，"好生恶杀"特别能引起广大底层民众的感情共鸣。这是佛教能唤起人们支持和同情的重要方面。

汉代方士不言布施，佛教则以讲布施闻名。布施的范围十分广泛，从钱财到肉体，从物质到精神，无所不有。以财力、体力和智力使他人受益的布施活动，被视为达到个人解脱的必要环节，既是僧人的职责，也是俗人的义务。汉代布施受到社会重视，笮融施舍饭食的规模即十分可观。在此后中国社会，布施活动成为信奉和支持佛教的重要内容。

在我国本有善恶报应的零碎说法，但没有像佛教讲因果报应、三世轮回那样系统的学说体系。自佛教传入，因果报应没有遇到什么阻力就为各阶层人士所接受，此后形成社会上最有影响、流传最广的一种信仰。

佛教传入中土，一方面受汉文化的熏染和修正，与儒、道等宗教观念接轨；另一方面，它又发挥自己特有的优势适应中国社会，成为中国传统宗教文化的具有不可取代性的补充物。佛教正是通过这两个方面塑造出特有的宗教形态，开始在中国扎根和生长。

三 社会普及与般若思潮

 ## 三国西晋佛教概况

三国和西晋（220～316 年）的近百年间，中国社会经历了从分裂到统一，从统一又迅速陷于更严重分裂的过程。220 年，曹丕在洛阳立魏代汉，统治整个中原地带；221 年，刘备于成都建蜀，控制西南一隅；222 年，孙权在建康立吴，管辖长江以南。265 年，司马炎通过宫廷政变方式代魏建晋，至 280 年灭吴，实现全国统一。门阀地主支撑的西晋王朝统一时间不长，皇室宗亲间就爆发了长达十余年的"八王之乱"（291～306 年）。内战极度损耗了王朝的武装防御力量，使它无力阻挡北方少数民族汹涌的南进势头，全国随之陷入更严重的割据混战状态。分裂、统一、再分裂的快速交替，制约着佛教在各地不平衡发展的进程。

魏都洛阳长期是北方佛教的重镇，颇有群众基础。关于魏王室与佛教的关系，佛教典籍中有引人注目的记载。据说，曹植信奉佛教，在鱼山（山东东阿县）

游览时，曾听到空中传来的梵天之赞，即佛教的赞美歌。其后他仿效天乐所作的梵呗（歌赞），被奉为中国佛教音乐的始祖。此事是否属实有待研究，但三国时已有佛教赞美歌则当无疑，吴国的支谦和康僧会均有梵呗之作。这是佛教向社会深层普及的一个标志。

魏地与西域交通便利，来华僧人首先在此停步。魏初曾明令禁止黄老神仙方术，至魏中期禁令松弛，一些印度和西域僧人到洛阳译经和传教。第一位著名外籍僧人昙诃迦罗是中印度人，于嘉平（249～254年）年间至洛阳。他应当地僧人请求，译出大众部戒律书中的《僧祇戒心》。当时汉族人出家无戒可依，只是剪去头发以示与俗人不同。昙诃迦罗不但译出一部简单的戒律书，而且请印度和西域僧人担任戒师，按佛教的规定授戒度僧。这被认为是我国佛教有戒律的开端。

嘉平末年，康居僧人康僧铠到洛阳，译出关于在家居士修行的《郁伽长者经》，宣扬西方净土信仰的《无量寿经》等。正元（254～256年）年间，安息沙门昙帝来洛阳，译出戒律书《昙无德羯磨》。此外，到洛阳译经的还有龟兹僧人帛延等人。

随着佛教的广泛流行，魏地信徒已不满意外籍僧人带什么经就译什么经的状况，而是依照佛教发展和社会风尚的需要，主动去寻找有关经典。于是，魏地出现了我国佛教史上第一位西行取经人朱士行。朱士行特别注重《般若经典》，在洛阳讲《道行般若经》时，感到翻译上有问题，译理不尽，前后意思不连贯，便萌发了西行取经的念头。甘露五年（260年），朱士行始发长安，西渡流沙，到达于阗，果然得到般若经的正品梵书胡本，共19章。由于受到当地小乘佛教学僧的阻挠，他没能很快把梵本送回国。晋武帝太康三年（282年），朱士行派弟子弗如檀等人把所抄经本送回洛阳。这个抄本由西晋竺权兰译为《放光般若经》。此经与竺法护译的《光赞般若经》因迎合玄学风尚，曾风靡一时。朱士行后客死于阗。

东吴是中原南下佛教和从交州北上佛教的交汇地，南来北往的译经家以支谦和康僧会最著名。

支谦原籍大月氏，祖父辈移迁汉地。他通晓六国语言，曾随支娄迦谶的弟子支亮学习。汉献帝末年，因避北方战乱，支谦带领数十人南迁入吴，被孙权拜为博士。赤乌四年（241年），太子登卒，支谦退隐山中，从沙门竺法兰受五戒，成了居士。黄龙元年（229年）到建兴年间（252～253年），他从事佛经翻译。据现代学者考证，支谦共译经29部，是三国时代译经最多的人。他的译籍以《大明度无极经》和《维摩诘经》最重要。《大明度无极经》是《道行般若经》的改译本，使原来经义的晦涩处变得通畅。"大明"是"般若"的意译，"度无极"意为度到彼岸世界。支谦重意译，有普及般若学的考虑。《维摩诘经》是宣扬居士思想的代表作，认为修道成佛不一定要出家，居士于享受一切世俗生活情趣中，不仅能拯救众生，自己也能超凡入圣。因此，佛国与世间本来无二，成佛的内在根据（如来种）就存在于世俗烦恼之中。此经批判小乘佛教的苦行和禁欲，与般若类经典相通。它所塑造的主人公维摩居士有洒脱、玩世不恭的一面，很容易被堕落贵族用来为其纵欲作辩护。此经在魏晋南北朝的士族中颇有市场，其后在中国佛教史上也一直有地位。

康僧会原籍康居，世居天竺，其父经商移居交趾，是历史上有记载的第一位由南而北传播佛教的僧人。他曾随南阳韩林、颍川皮业、会稽陈慧等学习安世高的禅数学。赤乌十年（247年），康僧会在建业利用佛舍利（佛遗骨）显神异，使孙权为其造寺，名"建初寺"，此为江南有寺之始。他还以讲报应赢得孙皓信任，促进了他的传教事业。康僧会译的《六度集经》，编译各种短篇佛经91篇，中心是用佛教的菩萨修行故事宣扬儒家的"仁道"。在三国时代，康僧会是把佛教思想与儒家思想协调起来的代表人物。他认为，儒典中的格言，就是佛教的明训。在《六度集经》中，有"君仁臣忠，父义子孝，夫信妇贞"、"为天牧民，当以仁道"之类的话，显然是添加在佛经中的儒家道德信条。

在三国之中，魏地佛教最盛，其次是东吴，蜀地佛教情况所知甚少。

西晋虽然只有半个世纪的历史，但佛教发展态势明显。西晋末的永嘉年间（307～312年），洛阳有佛寺42所，全国有寺180所，度僧3700人。印度僧人耆域自天竺至扶南，再经交州、广州、襄阳到达洛阳，对当地僧侣衣着太华丽大为不满。在西晋的寺院中，已有为死者举办法会的宗教仪式。阿弥陀佛净土和菩萨度世救人的佛教信仰，开始流传于民间。

西晋知名的译经家有十几位，共译出经典 167 部 366 卷，其中以竺法护译经最多。竺法护祖籍月支，世居敦煌，幼年出家，师事外国沙门竺高座。他曾游历西域诸国，通晓多种语言文字。在各地信徒的支持下，他来往于敦煌、酒泉、长安、洛阳等地译经，前后 47 年（266～313 年），几乎与西晋王朝共始终。他所译经典既有梵本也有胡本，大体反映了当时由天竺到西域佛教思想的基本面貌。据《出三藏记集》，竺法护共译出经典 154 部 309 卷。他的译籍品类繁多、内容庞杂，以大乘佛教早期经典为主。属于小乘佛教的有《中阿含经》、《增一阿含经》、《杂阿含经》。属于大乘佛教般若类的有《光赞般若经》，华严类的《渐备一切智德经》、《佛说如来兴显经》，法华类的《正法华经》，涅槃类的《方等般泥洹经》。

 ## 玄学促动下的佛学

随着东汉王朝的覆灭，以经文训诂为特征的儒学丧失了在思想界的统治地位，代之而起的是玄学。魏晋思想界发生的巨大变革，直接促动了佛学出现新动向。

在批判和继承两汉经学基础上兴起的玄学，特别清除经学中的谶纬妖妄之言，发扬经学中儒道兼融的传统，把粗糙的神学改铸成较精致的唯心主义本体论哲学。玄学家发挥《老子》的宇宙观，突出《周易》、《庄子》、《论语》的地位，着重探讨本体论和认识论问题，从而确立新的人生观和价值观。远离政治和现实生活、抽象哲理性强、易于借助简练文字和趣味语言传播的玄学，对于政治斗争中的失败者或逃避斗争的知识贵族，尤具吸引力。从何晏王弼提出"以无为本"并以此解释其他诸多哲学问题开始，玄学自身也经历了思想内容上的若干变化，并不是一个统一的派别，从而或多或少地影响佛学中出现诸多相对立的观点。

洛阳是后汉三国佛教的最发达地区，许多般若类经典始译自洛阳并且首先风靡魏地，佛教史籍中也有曹魏集团与佛教结缘的传说。但是，至今还没发现特别有力的证据表明玄学发端受佛学影响。相反，佛教般若学迎合玄学而成为佛教界的显学，则是十分明显的事实。

三国西晋佛教也和汉代一样，是大小乘佛教并行。在玄学的促动下，大乘佛教的般若学兴起。这首先表现在对般若类经典的重视上。在三国西晋译出的各类经典中，以般若类经典分量较重。学僧为了透彻了解此经内容，开始根据社会需要另求新本。朱士行西去求经，反映了包括洛阳在内的魏地僧人对般若经的重视。元康元年（291 年），竺叔兰和无罗叉在陈留仓垣（河南开封北）译出《放光般若经》后，不但立即风行洛阳，远在北方的中山国（治今河北定州）王也派人抄写。

除了翻译不同本子的《般若经》外，宣讲和研究此经的人也多起来。为了便于学习，卫士度把支娄迦谶所译10卷本的《道行般若经》删繁就简为两卷本。支孝龙在《放光般若经》译出后，立即诵读，旬日之余便能开讲，这是急用急学的例子。另有法祚为《放光般若经》作注。西晋末年的般若学僧如竺法深、康僧渊、康法畅、支敏度、支道林、竺法蕴、于法开，等等，依据玄学讲般若，后避乱渡江，都成了东晋名僧。

般若是早期大乘佛教的一类经典，各种《般若经》在具体内容上也有差别，但主导思想比较稳定。根据《道行般若经》的说法，人们的感觉和思维器官所能把握的一切对象（法相），都是虚妄不真实的存在，如梦幻泡影。因为，现实世界的一切事物或现象均由各种因素组合而成，并且依赖诸种条件，抛开各种因素和条件，就没有任何具体事物，所以这种存在叫"假有"。再进一步分析一切存在物就会发现，它们都没有能够保持自身恒久不变的实在性（"自性"），这叫"无自性"或"性空"。"性空"和"假有"是一切般若类经典都承认的命题。否定现实世界的真实性，就是《般若经》的一个主导思想。按照这个命题推理，佛教自己讲的四谛真理、善恶报应、生死轮回以及各种修行解脱理论和实践，也不可避免地要被统统否定掉。这是般若类经典强烈的怀疑论特色和否定权威的倾向。就这一方面说，般若经与玄学的批判精神是合拍的。

　　《般若》经典把"性空"作为终极真理，把"假有"作为"性空"的表现，与《庄子》的折中主义思路大体也可以沟通。使用老庄术语翻译《般若经》中的某些关键性佛教特有术语，始于东汉，到三国西晋，这种意译就成了潮流。诸如此类的做法，为般若学依附玄学创造了先天的有利条件。充斥于佛典中的"有"、"无"、"本无"、"空"、"无极"、"无为"等术语，使人单凭望文生义就能与玄学挂上钩。特别是义学僧人有意识地迎合玄学发挥般若思想，加速了佛学的玄学化过程，到东晋即形成定局。

四 民族融合与区域特色

西晋灭亡后，中国南北两地出现了不同的社会政治局势。渡江的北方士族与南方士族联合，支撑起没有多少生气的东晋王朝（317～420年）。从阶级结构、政治制度到社会风尚和学术思想，东晋社会基本承袭西晋。与此同时，以匈奴、鲜卑、羯、氐、羌为主体的各少数民族贵族集团，加快了逐鹿中原的步伐，相继建立割据政权，北方进入十六国的混战时期。在南北悬殊的社会历史背景下，佛教呈现出不同的走向。

 供奉戎神与灵异布道

在北方少数民族统治者建立的诸国中，以羯人建立的后赵、氐人建立的前秦、羌人建立的后秦、匈奴人建立的北凉崇佛最为突出。他们采取的某些宗教政策，构成中国佛教史上的一系列重要变革。

后赵石勒建都襄国（河北邢台）之后，逐渐控制了北方大部分地区。石勒提倡经学，起用士族，以正统儒学为统治思想。石勒及其后继者石虎也以扶植佛教著称。中书著作郎王度曾上奏石虎，认为佛是出自西域的外国神（戎神），华夏天子不应该信奉，主张禁止汉人出家，全面取缔佛教。石虎则认为，"佛是戎神，正所应奉"。在他看来，我石虎不是汉人是胡（戎）人，应运而生，君临华夏为天子，完全可以名正言顺地供奉佛这尊异族神。这样，他在儒家正统理论之外，为自己找到了当皇帝的理论根据。石虎允许境内所有人民，不分种族，均可自由出家。这是我国历史上第一次官方命令汉人可以出家。

推崇神僧佛图澄，支持他的灵异布道，是后赵统治者的一个重要佛教政策。佛图澄（232～348年）是西域人（一说天竺人），本姓帛（一说姓湿），进入中国内地之前，曾在敦煌逗留。西晋永嘉五年（311年），佛图澄经刘黑略荐举，结交石勒，被称为"大和尚"，参与机要。石勒称帝后，凡遇军机大事，总要向他请教。石虎继位后迁都于邺，比石勒更敬重佛图澄。每逢朝会，常侍以下皆助推辇，太子诸公搀扶其上。

佛图澄早年大约学小乘说一切有部教义，也受般若学影响，但他并不是注重理论的义学僧。他能得到石氏的崇敬和王公的拥戴，主要靠预言吉凶、神异方术，以及一些善恶报应之类的佛教基本教理。从《高僧传·佛图澄》中可以看到，他的生平活动由一件件神异事迹编织而成。据说，他能念诵咒语役使鬼神，观天象知休咎，与天神相交流，救活已死之人。如果他用麻油杂胭脂涂于手掌，即于掌中洞察千里之事。在他身上，有着西域巫术和土著信仰的鲜明烙印。佛图澄就是凭着神通灵异、诡秘预言赢得广大信徒，并以此作为传教手段。

在后赵官方支持下，佛图澄领袖佛教界，成为十六国时期第一位有影响的僧人。他身边有弟子数百，前后门徒累计达万人之多。他与弟子辈共建寺893所，这是自佛教传入内地后出现的寺院统计最高数字。佛图澄培养了许多有才干的弟子，如释道安、竺法雅、竺法和、竺法汰、竺僧朗等等。佛图澄的弟子们以后分布南北各地，对佛教发展起了重要作用。佛图澄把神异方术、参与军机和佛教教义三者结合，使佛教得到国家扶植，这在中国佛教史上是首创。

随着佛教在社会上的深层普及，后赵统治区内已有相当数量的比丘尼。据《比丘尼传》，汉地第一位女性出家者是西晋末年的净检。后赵著名的比丘尼是安令首，依佛图澄和净检受戒出家，立建贤寺，从其出家者达200余人。石虎对她很重视，曾将其父提升为黄门侍郎、清河太守。后赵统治者在历史上以残忍暴虐闻名，某些比丘尼自然也难免于淫暴之下受害。据《晋书·石季龙》载，石虎之子石邃为皇太子时，引美貌比丘尼进宫室，凌辱之后杀掉，与牛羊肉合煮，赏左右品尝，令辨别其味。

氐族在长安建前秦（351～394年），至苻坚（357～394年）继位，控制了黄河流域和长江上游的广大地区。379年苻坚攻陷襄阳，俘获佛图澄的弟子释道安，视为"国之大宝"，请住长安五重寺，尊为前秦最高佛教领袖。苻坚大力支持释道安的传教和组织译经活动，使关中地区佛教振兴。

羌人姚苌在渭北建立后秦（384～417年），至姚兴即位（394年），振兴儒学，尤重佛学。401年，姚兴击败后凉吕隆，迎鸠摩罗什到长安，致使后秦名僧辈出，既引来天竺西域的僧人，又深刻影响了东晋南方佛教界，长安一度成为南北两地的佛学中心。姚兴本人曾在鸠摩罗什指导下坐禅、读经、撰写佛学文章。他作《通三世论》，论证神识（相当于灵魂）不灭，三世实有（真实存在），因果不爽。姚兴重视佛教义理，轻视神通灵异，这在少数民族统治者中实属罕见。

由于后秦僧尼不断增加，姚兴设立了全国僧尼管理机构，他令僧䂮为"僧正"（最高僧官），秩同侍中，令僧迁为"悦众"（统摄僧侣的副职），令法钦、慧斌共掌"僧录"（管理僧尼簿籍及有关事务）。这是中国佛教史上首次出现的僧尼管理体制。

匈奴人沮渠蒙逊建立北凉（401～439年），控制着西域佛教传入内地的要道河西走廊。沮渠氏热衷于兴办福业建造，佛像寺塔规模之大，雄冠北方。北凉也支持昙无谶译经，主要出于修功德的目的。沮渠氏感兴趣的不是昙无谶的义学，而是他咒神役鬼、使女媳多子之类的密法。对北方少数民族中的绝大多数统治者来说，巫术神异的诱惑力更大。

十六国时期，佛教在民族大冲突、大融合中迅速传播，有利于增进北方各族人民的相互了解。对于形成当时各族人民的共同文化心理，佛教的作用甚至超过儒学。

道安生平与传教成就

佛图澄的弟子释道安，影响东晋南北佛教界，同时也是中国佛教史上具有里程碑意义的人物。

道安（312～385年）俗姓卫，常山扶柳（河北冀县）人。12岁出家后，始而专事生产劳动，继而勤学佛教典籍，20岁游学各地。他到邺都（河北临漳）师事佛图澄，兼修小乘教理和大乘般若学。佛图澄死后的17年间，道安辗转避乱于今河北、山西、河南一带，研习教义，教授学徒，身边聚集的门徒常达数百至一千。道安此时主要弘扬安世高的禅数之学，并注意将佛学与《老》、《庄》和贵无派玄学相沟通。

365年，道安南下追踪晋室，应名士习凿齿之请，住襄阳弘教15年。晋孝武帝奉以王公待遇，激励他"居道训俗"。为了迎合东晋朝野上下的玄学清谈之风，道安主要弘扬般若学，每年讲《放光般若经》两遍，已不再用"禅数"来概括全部佛教。

379年，苻坚军队攻破襄阳城，带道安至长安。道安在前秦备受统治者的敬重，成为佛教界的领袖，身边常集僧众数千人。利用前秦朝廷提供的优厚条件，他组织中外学僧译出佛教典籍14部183卷。所译经典以小乘说一切有部著作为主，包括《鞞婆沙》、《阿毗昙心》、《僧伽罗刹集经》等，开创了佛教的"毗昙学"，是"禅数学"的深入和发展。

道安辗转于南北两地，他的活动及其思想反映了当时佛教的整体面貌。对于推动佛教中国化的历史进程，道安的成就是多方面的。

第一，他提出了佛教"不依国主则法事不立"的观点，强调佛教必须向统治阶级倾斜，淡化了佛教以个人为本位的色彩，强化了以国家为本位的政治特性。

第二，他提出僧尼均应以"释"为姓。在此之前，僧尼名前多加国名或族名。道安认为，佛教徒皆尊释迦牟尼，都是其弟子，故应以"释"为姓。这对于强化宗教统一意识，维系我国各民族僧尼共同稳定的文化心理，意义重大。

第三，制定僧尼轨范。译自印度的戒律书详细规定了僧尼的修行规则，但要让它们适应中国社会的情况，必须多方面修改。道安参照当时已有的戒律书，撰写《僧尼规范》，涉及宗教生活的诸多方面，各处寺院都遵照实行。这对我国佛教仪规的形成有深远影响。

第四，编集佛经目录，为我国佛教目录学奠基。道安勤于搜集佛教典籍，并进行全面总结、系统整理和深入分析，编纂了我国佛教历史上第一部佛教目录书——《综理众经目录》。该书上起东汉光和（178～183年）年间，下止他逝世前，时间跨度约200年，收入译家17人，所译经论24部、失源佛典309部、疑伪经26部、注经25部，总计604部。

第五，总结翻译经验，提出"五失本"和"三不易"的理论。道安认为，用印度或西域语言撰述的佛经原典，在语法关系、经文结构、文风习惯等许多方面自有特点，要译成通顺明白、为人易解的汉文，允许"五失本"，即可以有五种改变原典的翻译表达方式：①把原典中的倒装句改为符合汉语的行文语序；②把原典中质朴词句予以修饰，以便适应中土人士重文采的风尚；③对原典中多次重复的部分可以删繁就简；④原典中的"义记"虽系总结全文大意，实际上是重复前面的内容，可以删掉；⑤原典在讲一件事时，作为过渡，又把前面已经讲过的事复述一遍，这些部分可以删掉。道安允许翻译过程中的"五失本"，是他推进佛教中国化的一个方面。"三不易"指翻译《般若》类经典遇到的三种困难：①译文要能适应时代；②译文要适应当时佛教信徒的接受能力；③由于译者修养不够、水平有限，难于准确表达佛典原意。

道安博学多才，成就是多方面的。他的已佚著作《西域记》，大约是我国第一部从佛教文化角度介绍西域诸国情况的书，他的某些佛学观点也很重要，留待本章第五节介绍。

罗什译经与罗什僧团

在我国佛经翻译史上，鸠摩罗什是一位划时代的人物。

鸠摩罗什（343～413年）生于龟兹（新疆库车）国师之家，9岁随母游学罽宾（今克什米尔地区），学一切有部的经典。12岁返龟兹途中，在疏勒（新疆喀什）住一年，先习《阿毗昙》、《四围陀》（印度婆罗门教圣典）、阴阳星算等术，不久弃小乘而专攻大乘，习中观学派的基本著作《中论》、《百论》、《十二门论》等。罗什后来在龟兹宣讲大乘教义，声名达于内地。

384 年，吕光战败龟兹，俘罗什，妻以龟兹王女。此后罗什跟随吕光住后凉，多以占卜吉凶、预言祸福服务于当政者。由于吕光及其后继者不信奉佛教，16 年间，罗什在佛教方面没有可称道的建树。

后秦弘始三年（401 年），姚兴迎罗什入长安，待以国师之礼，大力支持他的讲经活动和译经工作。从罗什开始，佛经翻译真正直接得到官方支持，成为国家的一项宗教文化事业。据《出三藏记集》，罗什在后秦译经 11 年，共译佛典 35 部 294 卷。《开元录》勘定为 74 部 384 卷。现存 39 部 313 卷。

罗什本人兼通梵汉，加上国家为他组建了庞大的译经班子，弟子辈中学问僧甚多，使他的译籍达到前所未有的新水平。他的译文简练通畅，使原著的思想脉络更清晰，易于理解。他的译籍影响大，流传广，许多典籍成为日后中国佛教诸宗的资料依据。他重译的般若类经典和新译的《大智度论》，推进了般若学的深入发展，为日后许多学派和宗派所重视。所译的《金刚般若经》，在古代中国几乎成了家喻户晓的佛典。《成实论》是成实学派的主要经典，《中论》、《百论》和《十二门论》是三论学派的主要经典，《法华经》是天台宗的经典依据，《阿弥陀经》是弥陀净土信仰所依据的三部经之一，《弥勒成佛经》和《弥勒下生经》是弥勒信仰的主要经典，《十住毗婆沙》为日后的华严宗所看重。

罗什译籍的主要部分是大乘中观派著作。中观派的怀疑论倾向在整个佛学中最突出。它否认语言概念能够描述客观真理，否认人的认识能力的可靠性，不承认有任何实体，认为识神（灵魂）、佛性、涅槃都是名言施设，是概念存在。这种怀疑一切的理论，很难为底层虔诚的信徒所接受，并且容易为不守戒律者所利用。实际上，罗什本人就没能做到遵守戒律。他不敢违背国王的意愿，娶宫女为妻，并且生子。他曾对指责他不守戒的僧人施展魔术之类，以证明自己有资格犯戒。

在以罗什为首的僧团中，人才辈出。其门下有"四杰"、"八俊"和"十哲"。他的弟子或为僧官，或为义学名僧，对中国佛教的发展产生重要影响。活跃于东晋和南朝的弟子有阐发佛性论的道生，主持建业译场的慧观，在彭城集众数百成千的道融，成实学大家僧嵩，精于"二谛"理论的昙影，擅长"实相"之说的慧仪，介绍罗什译籍并且总结中国佛教思想发展的僧睿。至于罗什最年轻的弟子僧肇，则更为杰出了。

僧肇（约384~414年）幼年家贫，以为人抄书谋生，因得博览群书。他特别喜好《老》、《庄》，后读旧译《维摩诘经》，披寻玩味之间产生了佛教信仰，于是出家，从学于罗什。他的论著不少，《肇论》则是中国佛教哲学发展史上的一部划时代著作。《肇论》由《物不迁》、《不真空》、《般若无知》和《涅槃无名》4篇论文组成，构成完整的神学思想体系。它把郭象一派的庄学同《维摩》经的般若观点相结合，并且协调三世因果和后出的《涅槃经》思想，对当时玄学和佛学讨论的某些关键问题作了总结性的回答。《肇论》标志着当时的佛学理论和玄学水平达到了一个新阶段。

 江南佛教与名僧风度

从东晋开始，帝王中奉佛者空前增多，流风所及，门阀士族阶层成为扶植佛教的强劲社会力量。鼓励义学，建筑寺院，供养僧尼，成为东晋帝室贵族奉佛的主要内容。

晋元帝命沙门竺道秘密入宫讲经，给予著屐登殿的尊崇。晋明帝以善画佛像著称于世，并曾召集义学沙门百余人讲论佛道。简文帝亲临瓦官寺听竺法汰讲《放光般若经》。孝武帝允许僧尼干预朝政。他所敬重的名尼妙音可以推荐刺史，致使公卿百官争相奉迎，成了"权倾一朝，威行内外"的人物。

豪门强族、高官显宦中奉佛者很多，如王导、王敦、庾亮、谢安、谢石、郗超、谢琨、桓彝、周凯、周嵩等。文士骚客中乐于问学僧人者也不少，如许询、戴逵、王羲之、顾恺之、谢灵运、孙绰等。据说，何充不愿救济贫困亲友，却不惜出巨资供养僧尼，修造佛寺。王恭在担任军政官吏时不知用兵，却调役百姓修建佛寺，务使其庄严华丽。在朝野上下弥漫的浓烈崇佛气氛中，自然既有某些名尼以才色取悦当政者，投机政治的传闻，同时也流传着某些比丘尼被辱蒙羞的消息。

　　士族中的佛教信徒不仅从经济上支持佛教，也在理论上维护佛教，孙绰和郗超是其中的代表。孙绰（320～377年）曾作《喻道论》，首次用明快的语言表达儒佛一致，所谓"周孔即佛，佛即周孔"。他以老子的语言描述佛是道的体现者，认为佛道是"无为而无不为"，所谓"无为"是虚寂自然的本质，所谓"无不为"是化导万物、神秘莫测的作用和功德。在各种教化方法或手段中，佛教最优越。郗超（336～377年）曾作《奉法要》，认为持守斋戒不仅利于个人身心健康，而且可以为已故祖先、亲朋好友以及一切众生积累功德，使其免受罪苦。佛教伦理和儒家道德，由此在斋戒上统一起来。

　　东晋王朝也对佛教采取过整顿措施，但远未达到使其严重受挫的激烈程度，东晋佛教日渐升腾的势头很明显。据唐法琳的《辨正论》，东晋共有佛寺1768所、僧尼24000人。当时的名寺大寺多由帝室权贵或富有者出资修建。一般寺院的开支费用，除依靠社会捐助（布施）外，还有赖于僧侣从事农耕、商贾、工艺，以及占相卖卜、行医治病等。对僧侣说来，寺院是生活的家园，是义学赖以存在的领地，同时也兼有经营俗业的功能。对一般社会民众说来，寺院是朝拜的圣地，同时也是游览观光的场所。

　　东晋上层社会玄学清谈盛行，同时也有以清心养性、服药长生为基本内容的道教流行。这一切对东晋佛教有程度不同的制约和导向作用。

两晋之际，中原不少僧人避乱渡江，到南方传教。乍来新地，他们要想立足稳定，必须争取南方官僚文士的支持。所以，极力迎合东晋的玄谈之风是渡江僧人在社会客观环境强迫下所能作出的最佳选择。当时的学问僧大多精通《老子》、《庄子》、《易经》，加上他们自己的般若学专业，就完全具备了和名士们对话、交流、切磋的主观条件。

据《世说新语·假谲篇》，支愍度在渡江南下时告诉同伴，如果按照过去的那一套讲经说法，恐怕就混不上饭吃了，于是共同商量出了个"心无"观点，在江东大讲，果然取得轰动效应。这的确是个特殊例子，却明显反映了僧人欲与名士携手的一般心态。求得生存，是义学僧人们独出新见以参与玄谈的原动力。

康僧渊过江伊始，以沿街乞食度日，忽然有一天遇到殷浩，在其盛会宾客时高谈阔论，一举成名。后来他住在今天江西南昌城外数十里处的寺院中，其地临带江、依傍岭，松竹郁茂。他闲居讲经，生活优裕，招徕学者名流。与昔日相比，自然别是一番光景。

迎合玄学的现实需要，塑造了僧侣的新形象。东晋社会的一批名僧，如《世说新语》提到的支道林、支愍度、竺法深、竺法汰、竺道壹、于法开、康僧渊、康法畅、帛尸梨、密多罗等，都是手握麈尾、妙语惊人的玄谈家。像支道林，俨然已是玄谈领袖。他们或出入于宫廷，或来往于豪门，讲经谈玄。他们在生活方式、学问修养、言谈举止、风度情趣等方面，与清谈名士十分接近或极少差别，从而凸现出中国佛教僧侣特有的风貌。名僧借用般若讨论名士关心的玄学问题，以取悦于名士；名士延名僧为上宾，接受佛学以增添玄谈新话。佛学向玄学倾斜的结果，出现了所谓"六家七宗"。

格义拟配与六家七宗

知识僧侣在研究、宣讲和介绍佛典过程中，普遍采用了所谓"格义"方式。竺法雅、康僧朗给弟子们讲经时，"以经中事数，拟配外书，为生解之例，谓之格义"（《高僧传》卷4《竺法雅传》）。"经中事数"指经中的佛教专有名词、概念和命题，"拟配外书"指援引《老》、《庄》等典籍中的概念去类比、解释佛教教义。由于魏晋时期大多数知识僧侣普遍采用过这种方法，故有的学者甚至把魏晋佛教称为"格义佛教"。

在玄学统治思想界的情况下，采用格义方法讲经，易于理解，容易争取信徒。慧远在一次讲经过程中，有位听众不懂"实相"这个概念的意思，慧远便引用《庄子》中的话来解释，"于是惑者晓然"。

格义的产生，反映了以老庄思想为媒介说明佛经的潮流，是佛教迎合时代需要的一种表现。很显然，通过格义拟配而使"惑者晓然"的，并不一定就是佛典的原意。格义为沟通玄学与汉译佛典架起了一座桥梁，却不是准确把握佛教义理的可靠手段。在当时义学僧人中，首先清醒认识到格义有碍于理解佛理的是道安。

道安前期也采用格义方法。他写的《安般守意经序》，即以《老子》解释佛典。后来他开始排斥格义，主张从佛典本身理解其原意。他侧重研究《毗昙》，因为这类典籍着重解释名词、概念，采用给概念下定义的方法来表达佛理、构造学说体系，可以比较容易地摆脱格义。相对说来，这比单凭格义来理解佛学特有概念要可靠些。此后格义的形式逐渐被废弃了，但实际上，按照中土思想理解佛经的传统从来没有中断过。义学僧人对《般若经》基本思想的不同理解而形成的"六家七宗"，就受着玄学的支配。

六家七宗及其代表人物是：道安的本无宗，竺法深、竺法汰的本无异宗，支道林的即色宗，于法开的识含宗，道壹的幻化宗，支愍度、竺法蕴、道恒的心无宗，于道邃的缘会宗。这里的"宗"或"家"不是指宗派，而是指理解《般若经》的见解或观点。各家所用的名目，大多可以在《般若经》中找到出处。不过，出于迎合玄学的主观目的，各种观点或多或少借助了玄学本体论的思辨模式。它们基本构成了东晋般若学的整体面貌。

在六家七宗中，以本无、心无、即色为代表。本无宗认为，一切现象由因缘和条件组成，是虚假的存在，其本性是空寂，而空寂的本性就是作为现象本体的"本无"，因此，绝对的存在是"本无"。此后许多僧人认为这种观点是符合般若经义理的。但是，僧肇则认为，本无宗太执著于本体"无"，以致讲现象忽视

其"假有"。谈本体执著其实有，与《般若经》义尚
有距离。心无宗认为，外在现象是的确存在的，只要
主观上排除外界对心的干扰，保持心体的"虚无"状
态，"心无"即是佛的智慧，作为现象本体而存在。僧
肇认为，心无宗的错误在于没有认识到万物本身就是
虚假的。即色宗认为，物质现象（色）由因缘构成，
所以等于空，但作为现象存在的"色"毕竟又与绝对
的"空"有区别。这种说法在门阀七族中最受欢迎。
但僧肇认为，即色宗不知道"色"本身就是"空"，
并不是因为"色"由因缘聚合才是"空"，它没否定
"因缘"的空。

当六家七宗在讲无与有、空与色、心与物的关系，
探讨与玄学相近似的本体论问题时，尚未接触般若中
观派的论书，不能运用那种是非双遣的彻底否定性的
论证方法。因此，他们或者片面肯定现象，或者片面
肯定本体。后来僧肇从般若学特有的彻底否定现实世
界的方面，运用非有非无、色空相即、真俗不二的理
论来评判诸种观点时，自然既指出了它们各自的
"失"，也指出了它们各自的"得"。在着重批判和继
承本无、心无、即色三宗理论的基础上，僧肇使具有
中国特色的般若学说完善化。

 6 慧远僧团与协契皇极

慧远（334～416 年）俗姓贾，雁门楼烦（山西宁
武）人，出身士族。13 岁到许昌、洛阳一带学习儒家

经典，对《庄子》、《老子》尤为精通。东晋永和十年（354年），他到太行恒山（河北阜平）师事道安，听《般若经》，颇受启发，感到儒道九流都没有佛教优越，便出家为僧。他以勤奋聪敏得到道安赏识，24岁便开始讲经。东晋兴宁三年（365年），他随道安至襄阳。太元三年（378年），面对前秦遣将攻打襄阳，道安令门徒分散各地传教，慧远依命东下，先至荆州住上明寺，3年后来到庐山，乐其山水清净，便定居此处，从事修行、传教和著述，30余年影不出山，直至逝世。

慧远与朝廷官僚、历任地方官吏以及不少社会名流保持密切关系，得到来自各方面的支持，使庐山成为东晋最重要的佛教基地。太元十一年（386年），江州刺史桓伊为慧远建东林寺，支持他的传教事业。元兴元年（402年），鉴于僧侣中逃役避罪者和奢侈腐化者甚多，桓玄下令整顿清理佛教。桓玄令各地官府置户籍登记僧尼，严加管理。只有慧远的庐山被视为"道德所居，不在搜简之列"。

慧远重视西方净土信仰，积极把这种信仰向士大夫阶层传播，作为僧俗联系的一条宗教纽带。元兴元年（402年），他率领寺僧，与刘遗民、周续之、宗炳、雷次宗等共123人举办法会，在阿弥陀佛像前立誓，希望通过"念佛"和"观佛"的修行，死后共进西方净土世界。此次集会的故事流传极广，经过中唐到宋的艺术加工，形成慧远与"十八高贤"共建"莲社"的新故事，为历代净土信仰者所称颂和仿效。

针对东晋禅律方面的经典不完备的状况，慧远采取了诸多补救措施。初达庐山，他即派弟子法净、法领等西行求经。太元十六年（391年），他请来自长安的罽宾沙门僧伽提婆重译《阿毗昙心论》，改译《阿鋡暮钞解》为《三法度论》，促进了毗昙学在南方的流传。义熙六年（410年），他请佛驮跋陀罗译出《修行方便禅经》，这比安世高和鸠摩罗什译介的禅法更系统。他还请昙摩流支续译姚秦时弗若多罗未译完的《十诵律》。

慧远主要弘扬的佛学理论，不是当时流行的般若学，而是著名的"神不灭论"（即人死之后，形体虽然坏败，但灵魂永存）。他在所著的《明报应论》、《三报论》等文章中反复论证这个命题。他认为，一般人的感觉器官的认识能力有限，不能把握"神"或"神界"，只有通过修习禅定，获得异于常人的认识能力，才能体认到另一个世界的存在，即"涅槃"境界的实在。所谓达到涅槃，就是使"神"摆脱生死。慧远对神与情识的关系，如何去情识存神明的解脱手段，都有细致的论述。这样一来，他使佛教讲的三世因果轮回有了一个明确的承担主体。慧远"神不灭论"的核心内容，完全是中国僧人的创造，与印度佛教诸派讲的各种轮回说教有了显著的区别。慧远倡导的这种有神论观念曾受到鸠摩罗什的批评。

在处理佛教与王权及儒家政治伦理的关系方面，慧远提出了影响久远的理论。庾冰曾代晋成帝下诏，令沙门礼敬王者，遭到何充反对，未能实行。此后东晋朝野不断有人老话重提，展开辩论。慧远撰《沙门不敬王者论》，系统阐述自己的观点。在他看来，佛教僧侣处俗弘教，是劝导俗人尽忠尽孝，奉君尊亲，所作所为已起到"协契皇极"的作用。因此，以超脱生死达到涅槃为目的的僧侣，可以不像俗人那样礼敬王者。慧远的观点此后成为中国佛教界占正统地位的思想。僧人要"协契皇极"，自觉为维护王权服务的观念再也没有发生什么变化。不过，到了隋唐时代，沙门不敬王者的局面从总体上无法维持。到了宋代，僧人面君就理所当然地要称臣了。在隋唐以后，虽然也有不少僧人重提沙门不敬王者的老话，不过是为发泄激愤不满，或为表现超然洒脱，或只是一厢情愿地追思往日的辉煌，根本没有什么实际的效果。

慧远有弟子百余人，其中慧持曾入蜀传教，法安于义熙年间（405～418年）到新阳（湖南宁乡）传教，僧彻在慧远逝世后弘教于江陵，昙邕曾是慧远与鸠摩罗什书信联系的主要使者。慧远门下不乏精诗赋、善制作的多才多艺的弟子，他们同时又精通经论，或处山林村野，或入通都大邑，弘教于各地。慧远僧团以庐山为中心，影响及于大江南北。

五　多元开拓与诸派师说

 平稳发展的南朝佛教

南朝（420～587年）历经宋齐梁陈四个朝代，没有爆发大规模的农民起义，没有发生大范围的战乱，没有遭遇强敌的致命打击，社会比较稳定。南朝佛教基本在和平的环境和有利的政治形势下平稳发展。

在南朝思想界，儒学是正统，玄学有一定影响。儒释兼弘，三教一致，开始成为社会思潮的主流。

宋文帝认为，提倡佛教有利于坐致太平，标志着南朝帝王已经自觉把佛教作为维护自身统治的工具。南朝诸帝大都奉佛，从本人崇敬高僧、听经讲经、持斋守戒，到动用国家大量人力财力建寺造塔、塑造佛像、施钱舍物，佛教活动在多方面展开。特别是南朝出了个中国历史上最著名的崇佛佞佛代表梁武帝，把佛教发展推至高峰。

梁武帝萧衍（502～549年）早年学习儒家经典，近中年信奉道教，即位不久便全身心投入佛教。天监三年（504年），他下诏宣布，唯有佛教是"正道"，老子、周公、孔子等不过是佛的弟子。除了广建佛寺、大造佛像之外，从大通元年（527 年）起，他四次舍身同泰寺，每次都由群臣用亿万钱把他奉赎而归，使国库钱财流入佛寺，这在中国历史上绝无仅有。

梁武帝对佛教内部事务干预较多。他明令出家人禁断酒肉，只许素食，引起中国佛教僧侣生活上的一大变化。他创立忏悔法，称为"梁皇忏"，促进了佛教向社会的深层发展。

梁武帝身体力行，多方倡导佛教义学。他自注《涅槃》、《般若》、《维摩》等经，自讲《般若》义理，诏编《众经要抄》、《经律异相》，《义林》等佛教类书。他发动王公朝贵 60 余人，对范缜的《神灭论》进行大批判，宣扬佛教的因果报应和神不灭论。他特别优待义学沙门，如宝亮（444～549 年）、智藏（458～522 年）、僧旻、法云（467～529 年）、法宠（451～524 年）、僧迁（465～523 年）、慧超（？～526 年）等，并且让其中一些人担任僧官。在梁武帝的支持和倡导下，涅槃学派、成实学派、三论学派等流行起来。在梁武帝的带动下，其长子昭明太子、三子简文帝、七子元帝，也都以喜好佛理著称。经过梁武帝的倡导，本来就有基础和有传统的南朝义学更为兴盛，南朝佛教重义理探究的特点更为鲜明。到梁武帝时，有佛寺 2846 所，僧尼 82700 人，南朝佛教达到鼎盛。

剧烈波动的北朝佛教

在少数民族贵族统治的北朝，以北魏（386～534

年）历史最长久，其后分裂为东魏（534～550年）和西魏（535～556年），不久又分别为北齐（550～580年）和北周（557～581年）所取代，这四个朝代都是短命的。

北魏鲜卑贵族出于统治中原的目的，笼络汉族文人，振兴儒学。北魏统治者多注重汉儒发挥的图谶和阴阳术数，对玄学感兴趣并予以宣扬的人很少。这是制约北朝佛教发展趋向的重要因素之一。

从总体上说，北朝诸帝的佛教政策缺乏稳定性，有的既扶植又限制，有的无节制扩展，有的则残酷打击。佛教在北朝，既经历了迅猛发展的黄金时期，又经历了濒临灭绝的"末法时代"，两者都是前所未有的。

中原许多地区是佛教兴盛地，北魏统治者在内迁汉化过程中，也承认和接受了这里的佛教。道武帝（386～409年）喜好黄老和佛教，尊敬沙门，明元帝曾在都城建造佛像。太武帝（423～452年）前期也重佛教，灭北凉（439年）时带回许多僧人，其中来自凉州的玄高、师贤、昙曜等，对北魏佛教有重要影响。

太平真君七年（446年），太武帝征战途经长安，在一座寺院中发现兵器、财物、妇女，怀疑寺僧通敌，便听从司徒崔浩的建议，下令诛杀长安僧人，焚毁佛像，并命留守京城的太子晃下诏书，让各地官员依照长安做法行事。尽管太子晃缓宣诏书三日，使部分僧尼有时间南逃或藏匿，但中国历史上的首次灭佛举措对佛教打击是极沉重的。

太武帝灭佛首先是出于政治需要。当时北魏攻城略地、镇压起义，必须有足够的兵员、租调。沙门享有免役免租调的特权，僧侣数量的激增不仅损害了国家利益，而且本身就是一种潜在的社会动乱因素。寺院私藏兵器，太武帝绝对不能容忍，所以长安事件就成了他灭佛的直接导火线。用儒家纲常名教维护统治是北魏的既定国策，太武帝一心扶植打着华夏正统旗号的寇谦之的天师道也已成定局，所以外来佛教就被斥为"鬼道"，必欲灭之。通过这次大规模的灭佛运动，增强了中国佛教的"末法"（佛教行将衰亡）意识，并在以后时时强烈地表现出来。

452 年，文成帝继位，北魏佛教又在短时间内兴盛起来。直到北魏灭亡，官方没有再残酷镇压佛教。相反，历朝中奉佛的帝王、后妃和王子较多，使佛教到北魏末年发展到严重失控状态。据《魏书·释老志》，北魏正光（520～525 年）年之后，全国僧尼有 200 万，占全国总人口的 1/16；另有佛寺 3 万余所。在东西二魏和北齐北周，僧尼数量依然居高不下。550 年，北齐取代东魏，邺都有佛寺 4000 所、僧尼近 8 万；全境有寺院 4 万所、僧尼 200 万。佛教的这种恶性膨胀，终于酿成了中国历史上第二次全面灭佛运动。

天和二年（567 年），道士卫元嵩上疏周武帝，建议废除佛教。周武帝多次召集百官、道士和沙门讨论佛道问题。沙门甄鸾曾著《笑道论》，指斥道教伪妄，并呈周武帝。最后，周武帝决心立儒教，通废佛道两教。建德三年（574 年），周武帝下诏，令沙门、道士还俗，据说还俗僧道即有 200 余万。周武帝还设立国家宗教研究机构"通道观"，提倡会通三教思想，并以儒学为正统。建德六年（577 年），周武帝灭北齐时，对恶性膨胀的北齐佛教也采取了同样的措施，没收齐境寺庙 4 万所，还俗僧徒近 300 万。周武帝灭佛虽然时间不长，北周也很快为统一的隋王朝取代，但这个事件在佛教史上影响甚大。灭佛期间，有的僧人南奔陈朝，客观上促进了南北佛教的融合。更多的僧人则藏匿山林、隐迹民间，与北魏以来的流民混杂在一起，成为重大社会问题。

北朝皇权强大，上层僧侣必须表示恭顺臣服。北周道安在《二教论》中，批道教贬儒教，但直称皇帝为当今如来。在这一点上，道安与反佛的道士卫元嵩口气完全一致。无论是反佛还是崇佛，都以维护君权为前提。在北朝上层僧人心目中，沙门礼敬王者已是不辨自明的事。

与此形成鲜明对照，许多下层僧人则直接加入造反行列。当时许多人出家并不是因为虔诚的信仰，而是因为生活所迫，出于逃役避租调等目的，他们同时把反抗世俗压迫的精神带到了佛教队伍。北魏宣武帝延昌四年（515 年），在今河北地区爆发了沙门法庆领导的农民起义。法庆自号"大乘"，以大乘佛教宣扬的大慈大悲、救苦济世为号召发动民众，鼓吹"杀一人为一住菩萨，杀十人为十住菩萨"（指菩萨修行所达到的最高果位，已基本相当于成佛），拥众 5 万。北朝僧人参加起义的事件远多于南朝。

北朝的佛教僧官制度渐趋完善化。道武帝曾命僧人法果为"监福曹道人统","监福曹"是国家佛教管理机关,"道人统"是国家任命的最高僧官。北魏文成帝时,"监福曹"改为"昭玄曹","道人统"称"沙门统"或"昭玄统",同时又在地方上设置维那、上座、寺主等。北朝僧官制度比较严密,南朝则大体袭用后秦僧官名称,机构松散。

北朝佛教寺院经济中也出现了新现象。大约在北魏皇兴末年到延兴年间(471～475年),孝文帝把新占领的青齐地方的居民迁于平城,其中一部分每年交谷六十斛给僧尼管理机构的民户,称为"僧祇户",其所纳谷粟称为"僧祇粟"。僧祇户是僧侣集团共同的佃户。僧祇粟有时也在灾年出贷,从而扩大了佛教在社会上的影响。另外,民间犯罪者及官奴成为"浮屠户",为某个寺院做扫洒杂务,其身份比僧祇户更低。僧祇户和浮屠户的出现,促进了寺院经济的恶性膨胀。到周武帝灭佛时,这些也随之被废除了。

北朝大多数帝王不像南朝诸帝那样重视佛教教理、鼓励义学,他们的奉佛活动,侧重在兴办福业建造、供养禅僧、喜好神异灵迹等方面。北朝的福业修造,主要表现在建筑规模宏大的寺塔、开凿诸多石窟群等方面,以此为个人或亲友争得现世的利益,或为祖先追荐冥福。文成帝(452～465年)曾为其祖先铸释迦立像5座,高丈六,用赤金25万斤。在武州山(今山西大同西)开凿石窟5所,各镌佛像,雕饰奇伟,冠于一世。此后形成著名的云冈石窟群。孝文帝

（471～499 年）曾诏于河南少室山立少林寺，安置西域沙门跋陀。宣武帝（500～515 年）即位之初，诏于洛南伊阙山为其父母营造石窟两所，此后经历代陆续营造，形成了规模宏大的龙门石窟群。熙平元年（516 年），胡太后建永宁寺，寺塔包括塔刹部分有一千尺高，百里之外都可以看到，来洛阳的印度僧人誉其为神功所造，天下无双。北方建造的诸多石窟群，都在山水幽静处，远离闹市，宜于僧人安禅。北方的寺塔和石窟造像，体现了北朝佛都重视兴办福业、重视禅行的特点。

 ## 3 风行社会的菩萨净土

南北朝时期，菩萨和净土信仰已广泛流行，其信仰的基本内容来自佛教经典。形象描述佛、菩萨、鬼神等崇拜对象，是各类佛典的重要内容之一。这些描述向人们展示佛教诸神的无尽神通和无限能力，宣扬彼岸世界的诱人情景，教授人们求助诸神的方法。

大乘佛教信奉的菩萨很多，无法计数。其中观世音菩萨的信仰尤在社会上流行，经久不衰。有关观世音的描述遍及各教派所信奉的典籍，最基本的是《法华经》中的《观世音菩萨普门品》，此品还被单独抽出来，称为《观世音经》或《普门经》。

根据佛经的描述，观世音的存在超越时空，是一位具有无限神通力的救世主。它没有固定的可视形象，往往根据拯救众生的需要而显现各种身体形貌，可以是男性也可以是女性。后来其可视形象被归为三十三类，即三十三身。据说，任何众生遭遇苦难时，只要念"观世音菩萨"的名字，它就可以"观"到这些声音，前往解救。"观世音"也译"观自在"、"观世自在"、"观音"。观世音菩萨的道德本质或救世功能有二：一是"大慈"，指能够给一切众生以欢乐；二是"大悲"，指能消除一切众生的痛苦。佛教所讲的苦难或痛苦，既包括属于自然和社会压迫的各种天灾人祸，也包括人的各种主观愿望得不到满足，还包括有碍于修行解脱的各种不良情绪和心态。观世音的大慈和大悲，确保其有满足人们各种愿望和请求的能力。

观世音与佛有着密切联系，据刘宋疆良耶舍译的《观无量寿经》，观世音与大势至菩萨是无量寿佛（阿弥陀佛）的侍者，分立左右。后世佛教寺院塑有阿弥陀三尊，阿弥陀佛左侧为观世音，代表佛的慈悲；右边是大势至，代表佛的智慧。

观世音信仰在社会上的广泛流行，表现在许多方面。首先，"疑经"和"伪经"中出现了观世音。所谓"疑经"和"伪经"，指中国佛教信徒仿照佛经形式，假托佛说撰写的著作。大约著于东魏的《高王观世音经》，即属此类。其次，在石窟及寺院中的造像里，观世音像数量增多。据统计，在北魏龙门石窟的206尊造像中，释迦牟尼43尊，弥勒佛35尊，观世音19尊。北魏分裂后，观世音造像急剧增加。再次，民间流传出观世音的新神话。佛经宣称，女子礼拜供养观音，可望生育聪明的儿子或美貌的女儿，以后我国各地流传的"送子观音"，大约就是对佛经中的内容加工而成。最后，记述崇拜观世音有灵验的故事散见在正史、野史及其文学作品中。

观音菩萨不仅在下层真正苦难的民众中相当流行，在动乱年代的上层社会中也不乏信众。有一个故事说，东魏孝静帝天平四年（537年），河间邢摩纳与卢仲礼、卢景裕起兵应西魏反高欢，第二年兵败，卢景裕被押送晋阳狱。他在狱中虔诚诵念《高王观音经》，枷锁自脱。临刑之际，他因默诵此经千遍，兵刃不能伤其体，后被释放。

净土是佛教构造的极乐世界，是与人世相对的天堂。我国流行的净土信仰主要有两类，一是弥勒净土，一是阿弥陀净土。相对说来，后者流传更广。

汉末安世高译出《大乘方等要慧经》后，有关弥勒净土的经典持续输入。西晋竺法护译的《弥勒下生经》，后秦鸠摩罗什译的《弥勒成佛经》，沮渠京声于南朝宋初译的《观弥勒菩萨上生兜率天经》，合称为《弥勒三经》，是弥勒净土的主要经典依据。

弥勒是梵文音译词，意译"慈氏"，这是姓，名为阿夷多。在小乘佛教经典中，弥勒被认为是继释迦牟尼之后于人间成佛的菩萨，属于"未来佛"。大乘佛教继承此说，并进行了多方面的修正和补充。弥勒经典除介绍如何发愿往生兜率净土的方法外，有两个内容颇为流行。其一，弥勒于释迦牟尼生前命终后升入兜率天，成了那里的教主。在兜率天，有世人希望获得而又无法获得的一切享受，如美女、各种瑰宝建成的宫殿、园林、器物等。转生到那里的众生身形高大，寿命极长，不耕而食，欢乐幸福。那些诵念弥勒名号修行的人，死后即可转生到兜率天。这种净土世界的描述，给人们提供一个理想的归宿。这种信仰在僧侣中相当有市场，前秦释道安，北齐法上、昙衍等名僧，都曾发愿转生弥勒净土世界。其二，弥勒在兜率天度过大约 56 亿万年，将降生人间成佛，普度众生。到那个时候，众生皆如诸天，人间恰似天堂。这种说教能够激发起人们对未来的美好憧憬，在民间广为流传。进入隋代，一些农民起义军曾扯起"弥勒出世"的旗号，召唤人们推翻罪恶的统治者，鼓励人们为创造美好的人间而战。

五代后梁僧人契此，俗称布袋和尚，曾被认为是弥勒化身。以后寺庙中塑造的肢体肥硕、胸腹袒露、箕踞而坐、笑口常开的大肚弥勒，据说即是本自契此形象。

涉及阿弥陀净土的经典也从东汉末年传入内地，此后三国魏康僧铠译的《无量寿经》，鸠摩罗什译的《阿弥陀经》，畺良耶舍译的《观无量寿经》，印度世亲著的《无量寿经优婆提舍愿生偈》，被奉为净土信仰的"三经一论"。

南北朝时期，宣扬阿弥陀净土信仰的代表人物是昙鸾。昙鸾（476～542 年）是雁门（今山西省）人，出家后博览佛经和儒家经典。梁大通（527～529 年）年间，到句曲山（茅山）从道士陶弘景学《仙经》10

卷。后返洛阳见到印度译经僧菩提流支，烧毁《仙经》，尽弃道术，专弘阿弥陀净土信仰，著有《往生论注》。东魏孝静帝称他为"神鸾"，诏令住并州大寺，后又移住汾州北山石壁玄中寺（在今山西交城县）。该寺此后一直成为弘扬净土信仰的重要基地。

昙鸾根据弥陀经典立说，认为弥陀成佛前曾许下拯救众生的四十八愿，这种誓愿具有拯救众生的神秘灵力，叫作"愿力"或"佛力"。人们虔信这种愿力，诚心祈求往生净土，即可借助愿力在死后转生到净土世界。由于这种法门只用口念佛号，心想佛形象，简单易行，有佛力冥助，可以迅速解脱，所以称为"易行道"。除此之外的其他佛教法门，没有佛力冥资，单凭个人修行积累的功德（自力），不能迅速解脱，统称"难行道"。人们应该舍"难"就"易"，信仰和修行净土法门。

佛教的菩萨和净土信仰也影响到其他宗教。它们的流行有着深刻的历史原因和社会原因，同时也与信奉者个人的实际境遇分不开。当人们对自身失去信心时，往往百般祈求神的恩赐；当人们忘掉自我的价值时，往往赋予神以无比的价值。据说，默念菩萨和佛的名号可以使人心绪平静，暂时消除袭扰心头的烦恼，甚至收到意想不到的效果。但是，那些企图通过轻轻松松念几声佛就解除一切痛苦、解决一切生活矛盾的人，曾受到具有怀疑论倾向的一些佛教派别的批评，特别曾受到后来某些禅宗僧人的愤怒诅咒、无情唾弃和辛辣嘲讽。

沟通中外的传经求法

隋唐以前，域外佛教的输入是促动汉地佛教发展的重要因素。在东晋和南北朝，沿陆路和海路来华的僧人都有所增加，但仍以陆路来者为主。

经由北面陆路来汉地传教者以罽宾僧人为多，著名的译经家有僧伽提婆、昙摩耶舍、弗若多罗、卑摩罗叉、佛陀什、昙无谶、昙摩密多等。来自天竺的有菩提流支、勒那摩提、佛陀扇多、瞿昙般若流支等。天竺僧人僧伽跋摩从陆路来华，南下建业，元嘉九年（432年），随西域商贾自南海乘船返国。晋宋以后，外来僧侣急剧增加，北魏洛阳永明寺，接待"百国沙门三千余人"。

晋宋之时，我国僧人西行取经也出现高潮，其中最著名的是法显。法显俗姓龚，平阳郡（治今山西临汾）人，后秦弘始元年（399年），与慧景、道整等4人从长安起程去印度，立志寻求戒律典籍。法显一行至张掖遇智俨、宝云等人，曾一度结伴西行。他们自敦煌渡流沙，经鄯善（新疆若羌），北上焉夷（新疆焉耆），转西南走于阗（新疆和田）、子合（新疆叶城）、于麾（新疆塔什库尔干），北折竭叉（新疆喀什），然后逾葱岭，抵北天竺陀历国（今巴基斯坦北境），再渡印度河到乌苌国（印度河上游及斯瓦特地区），历犍陀卫国（巴基斯坦喀布尔河上游）、弗楼沙罗（白沙瓦）、那竭国（阿富汗拉勒阿巴德）、罗夷国（巴基斯坦拉基）等国，进入中天竺境内。法显在古印度南北各地巡礼佛教圣地，搜集佛经，然后又从海路经斯里兰卡、苏门答腊，于东晋义熙八年（412年）在山东崂山登岸，次年到建康。他在所著的《佛国记》（也称《法显传》）中自述，从长安出发，经6年到中天竺，停留6年，又经3年返回，前后15年，游历29国。他把一路所见所闻记录下来，整理成书，即现存的《佛国记》。此书首次记录了自陆路步行印度，再从海路航归的旅行实况，是研究古代中亚、南亚诸国历史、文化、宗教的宝贵资料。

法显等人在西行路上可谓历尽艰辛，九死一生。在跋涉流沙时，沿途数百里上无飞鸟，下无走兽，方向难辨，只能以死人枯骨为标记。始发长安时同伴4人，或半路知难而返，或中途染病而亡，或留居印度不归，唯法显一人完成此项壮举。

法显归国后住建康道场寺，与宝云、佛驮跋陀罗等译出所带回经典中的6部63卷，其中有《摩诃僧祇律》40卷、《大般泥洹经》6卷。另有带回的梵本《长阿含经》、《杂阿含经》、《弥沙塞律》、《萨婆多律抄》等未及译出。法显后逝世于江陵。

南北朝时，西行求法僧人不绝于途。有智猛一行15人，于姚秦弘始六年（404年）由陆路去印度，曾到迦毗罗卫，带回《大般泥洹经》、《摩诃僧祇律》等梵本。在此一行人中，有9人到葱岭知难而退，有4人亡于中途，往返21年（404～424年）还归者，只有智猛与昙纂。完成西行壮举的僧人们，大都和法显一样，具有执著追求、百折不挠、舍生忘死的献身精神。

除了个人出于信仰自发去印度者外，还有受国家派遣西行取经的沙门。北魏神龟元年（518年），胡太后派比丘惠生、宋云等去西域求经。他们从洛阳起程，由陆路去印度，主要游历了今阿富汗和巴基斯坦一带，于正光三年（522年）回国，历时4年，带回佛典170部。由于他们有国家资助，西行路上的困难要小一些。

无论东来传教者和西去求法者，都不仅仅是传播着佛教，他们也为增进各民族间的文化交流，加深各民族人民的相互了解做出了贡献。

南北各地的译人译籍

东来传教和西行求法的僧人不断增加，中外佛教界的联系更为密切，南北朝成为中国佛教史上涌现译籍最多的时期。据《开元释教录》，从南朝宋永初元年（420年）到陈后主祯明三年（589年）的169年间，共有译经家67人，译籍750部1750卷。

南北朝的译经地点分布广泛，北有敦煌、姑臧、长安、洛阳、邺城等，南有建康、广州、襄阳、庐山等。从地理分布划分，主要有四个译经集团。

第一，北凉昙无谶译经集团。

北凉（401～439年）出现译籍82部311卷，译家9人。其中，浮陀跋摩译出《阿毗昙毗婆沙》100卷，是小乘佛教一切有部的前期论书，参加翻译的义学沙门有300余人。北凉最重要的译经家是昙无谶（358～

433 年）。

昙无谶原籍天竺，游历过罽宾、龟兹、鄯善等地，后转至敦煌、姑臧。他以诡秘预言和神异幻术得沮渠蒙逊的敬畏和支持，从事译经活动。据《出三藏记集》，他译经 11 部 104 卷，《开元释教录》刊定为 19 部 131 卷。

昙无谶的译籍以《大集》、《涅槃》两类最具影响。现存《大方等大集经》60 卷，前 30 卷即为昙无谶译。该经强化鬼神系统和禁术咒语，把万物有灵和多神主义引进佛教，既有西域各族的土著信仰，也包含了汉地流行的十二生肖、二十八宿之类的传统神话。其次是他译的《大般涅槃经》，不仅倡导一切众生皆有佛性，而且认为人人皆能成佛。这种说法比法显等译的《大般泥洹经》又进了一步。此经的观点曾风靡全国。《涅槃》在南北朝的流行程度，堪与《般若》在魏晋的流行相比。

第二，南朝佛陀跋陀罗和求那跋陀罗译经集团。

鸠摩罗什生前，长安僧团曾发生分裂，部分译经家南渡入东晋。413 年鸠摩罗什逝世后，长安的一些义学沙门又先后南下。接踵而来的北魏太武帝排佛和灭佛，使更多的僧侣渡江入宋。这就使刘宋成为南朝译经的最盛期。在刘宋（420～479 年）60 年的历史上，共有译者 22 人，译典 465 部 717 卷。主要翻译家是佛陀跋陀罗和求那跋陀罗。

佛陀跋陀罗（359～429 年）是天竺僧人，早年游学于罽宾，应秦僧智严之请入长安。因与鸠摩罗什僧团发生冲突，他和慧观等 40 余人南投庐山慧远，开始译经。约 413 年，他又随刘裕到建康，住道场寺。据《开元释教录》，佛陀跋陀罗译经 13 部 125 卷。对中国佛教影响大的典籍，首先是《大方广佛华严经》60 卷。这是支法领从于阗取回的本子，译于 418～421 年，有百余名义学沙门参与译事。从东汉末年开始，已有《华严》类经典的单行本译出，其中《十地品》颇受重视。佛陀跋陀罗全译此经后，开创了全面研习《华严经》的新阶段。《华严经》细致描述了毗卢遮那佛所在世界的存在和构造模式，贬低释迦牟尼佛；主张把十二缘起（说明世界和人生本原的理论）归结到"一心"上；详细论述菩萨修行的内容和阶段，并号召把菩萨修行贯彻到日常生活中去。唐代形成的华严宗，即通过对此经的多方面诠释构造其学说体系。他译的《达磨多罗禅经》，比较重视厌生禁欲，在中国早期佛学思想方面占有重要地位。

求那跋陀罗（394～468 年）是中天竺人，435 年经斯里兰卡到广州，北上住建康，开始着手译经。据《开元释教录》，他共译经 52 部 134 卷。除了《杂阿含经》外，他的主要译籍还有两部。其一是《胜鬘经》，436 年译出。此经特别强调成佛的内在根据"如来藏"就存在于生死轮回的众生中，不能离开现实人生寻求成佛解脱。"如来藏"由于受客体烦恼所污染，堕落而有生死现象，若除去客尘烦恼，则是涅槃解脱。这就形成所谓"如来藏缘起"的学说体系。其二是《楞伽阿跋多罗宝经》4 卷，443 年译出。此经内容繁杂，既发挥"如来藏缘起"的思想，又论述唯识思想及大小乘佛教的各种禅法，为以后许多宗派所信奉。特别是由研习此经形成一批楞伽师，成为中国禅宗的先驱。446 年以后，求那跋陀罗迁至荆州，主要翻译杂咒及净土类的典籍。

第三，北朝菩提流支译经集团。

据《开元释教录》，北魏自初都平城，又迁洛阳，再迁邺，150 余年间，有译者 12 人，译籍 83 部 274 卷。主要译经家菩提流支是北印度人，约于 508 年到洛阳，开始译经，后又随迁于邺城（534 年）。前后 30 年间，菩提流支译出佛典 30 部 101 卷。他所译的《入楞伽经》10 卷，是《楞伽经》的异译本之一。另有佛陀扇多、勒那摩提、瞿昙般若流支、毗目智仙等人，所译典籍虽然性质有所差别，但都传译印度瑜伽行派的论著。

第四，南朝真谛译经集团。

刘宋以后，南朝佛教界偏重教理研究，译事萧条。至梁陈之际，出现了真谛（499～569 年），后被称为中国译经史上的"四大译师"（鸠摩罗什、真谛、玄奘、不空）之一。

真谛原籍天竺，梁太清二年（548 年）从扶南（柬埔寨）经广州抵达建康，受梁武帝礼敬。从当年发生侯景叛乱起，他漂泊游荡于东南各地，但始终未间断译经。23 年中，译出佛教典籍 64 部 278 卷。据学者刊定，现存 26 部 87 卷。他的译籍包括经律论和部派人物史传，主要是瑜伽行派的论著。对佛教义学发展影响较大的典籍有《阿毗达摩俱舍释论》22 卷和无著的《摄大乘论》3 卷。他的译籍与北魏菩提流支等所译的瑜伽行派论著义理相近。

《大乘起信论》在中国佛教思想史上影响极大，署为印度的"马鸣菩萨造"、"真谛三藏译"。但从唐代开始，就有人认为是伪经，即中国人托名撰写的书。现代一般学者认定此书大约出现于周隋之际，是中国撰述，不是译籍。

《大乘起信论》把一切现象的最高本体和最后本原归结为"一心"，认为一切众生皆有此"心"，所以又叫"众生心"。此一心分为两个方面，即"一心二门"。一门叫"真如门"，绝对静止，没有变化，永恒存在；一门叫"生灭门"，以变动不居、生灭无常为特性。"一心"从静到动，是世间的根本因，即导致众生陷入生死轮回之路。反之，此心由动到静，是出世间的根本因，即导致众生解脱成佛之路。由于人心具足了世间和出世间的一切，也就是说，此心拥有一切并能派生一切，所以佛教的一切修行都可以用修"心"来替代。这样，解脱成佛不依赖于神，不依赖于任何外力，人有能力自我解脱，自己决定自己的命运。这种绝对唯心主义的双重本体论，能给人以充分的解脱自信。

南北朝时期，佛经译籍数量多、品类杂，《涅槃》、《华严》、《胜鬘》、《楞伽》等类经典的译出，为佛教义学增添了新内容，中国佛学由此呈多途发展的局面，并且影响着几代佛学思潮。

6 分道弘扬的诸派师说

　　各类佛典的大量涌现，为义学沙门提供了前所未有的丰富资料，般若类经典一统天下的局面宣告结束，佛教研究在更广阔的领域展开。南北朝出现的诸派师说，是中国佛学多头开拓、纵深发展和趋于成熟的显著标志。

　　南北朝讲习佛典之风盛行，无论旧译或新译的较重要经典，都有学者研究、发挥和弘扬；同时，中国僧人自己撰述的著作也空前增多。精通某一部或某几部典籍的学问僧持续出现。所谓"师"，就指这些学问僧；所谓"师说"，则指他们依据某些经典所发挥和宣传的思想、学说。

　　义学沙门所研习的典籍，既有属于小乘佛教的，也有属于大乘佛教的；既有标名为"佛"所讲的"经"，也有各种"论"。学问僧们一般很少专宗一经、一论或一律，往往兼学多类，从中发挥自己的思想。当时有些名僧讲经，听众动辄达数百乃至成千人，在社会上造成较大声势。一般僧人并不专宗一师、专传一家之言，而是博听广习，兼容并蓄。即使同出一师之门的学僧，往往也各有侧重，所弘扬的学说并不完全相同。学问僧们普遍对各种典籍进行混合研讨，使佛学呈现出重调和容纳的特点。

　　在当时形成的诸派师说中，以三论学、涅槃学、成实学、地论学、摄论学、律学和禅学影响较大。

第一，三论学。

"三论"指鸠摩罗什译的《中论》、《百论》、《十二门论》，属于大乘中观学派的基本著作。三论学派在南北朝的流行，是魏晋以来般若学的延续。

僧睿、僧肇等人研习"三论"最早，其思想被称为"关中旧义"。此后，"三论"研究的中心转向了南方，以梁陈时出现的学僧为代表。梁初僧朗住摄山栖霞寺（今南京郊区），弘扬"三论"，梁武帝曾派人就学。僧朗弟子僧诠号称"山中师"，继续讲习"三论"。他的弟子有慧勇、智辩、法朗、慧布四人，号称"四友"或"四公"，均为陈朝所敬重。三论学者是用"二谛"（世俗真理和宗教真理）及"中道"统摄全部佛教，普遍将真俗二谛统一于真谛，侧重讲真谛为根本。这是南北朝三论学者总的思想倾向。

第二，涅槃学。

随着《大般泥洹经》和《大涅槃经》相继译出，学问僧即以《涅槃》类经典弘扬佛性思想，使其成为南朝最有声势的佛学思潮。

道生（355～434年）原是竺法汰的弟子，曾在庐山修行，也曾师事鸠摩罗什。他精通般若中观学，又较早接触法显等译的《大般泥洹经》，成为最著名的涅槃学代表。

道生根据《大般泥洹经》，提出善根断尽、专做恶事的"一阐提人"也有佛性，也能成佛。这种观点在《大般泥洹经》中找不到明文，道生因此受到批评和攻击。后来《大涅槃经》传到南方，才证实了他的说法。

此后，一切众生皆有佛、皆能成佛才成为佛学界的共识。道生在此基础上提出"顿悟成佛义"：真理是不可分割的整体，获得真理不是分阶段完成，而是由瞬间体认完成；成佛不是经年累月的修行，而是个人内心的自我完善。这在中国佛学史上是影响久远的主张。与此相反，慧观则主"渐悟"，认为"真如"必须经过修习"定慧"才能测知，而修习禅定获得智慧是要经过一定阶段的，所以"悟"也是要经过长期修行逐步获得的。

在此之后，佛性思想不断有所发展，逐步渗透到多派师说中去，成为强大的佛学思潮。这种在印度本土及西域地区信奉者较少的理论，在我国则特别受到重视，获得很大的发展。

第三，毗昙学。

毗昙研究发端于释道安，在南北朝几乎成了所有论师共习的一个科目。僧韶（447～504年）、法护（439～507年）、慧集（456～515年）等以毗昙为专业，兼学的人就很多了。

《毗昙》类经典注重解释佛教的名词、概念或命题，多被视为佛教的入门书，因此广泛流行。《毗昙》强调一切现象的"自性"不变的观念，认为物种的自性是一种超时空的永恒存在（有）。一切个别事物的差异，是其自性种类在特定因缘条件下的表现，据此论证善恶染净等自性不变。因此，众生按照自身所积聚的业感的自性不同，得到不同的罪福果报。

第四，成实学。

《成实论》被认为是小乘空宗的论著，由鸠摩罗什译出。此论在表述方式上与"毗昙"相同，也通过给概念下定义的方法阐述思想，构造学说体系。它把人们的一切痛苦归结到所作的"业"上，侧重以"业"为本解释宇宙万物的起源，与般若学侧重讲"本无"、"无生"不同。另外，此论也反对"心性本净"的说法，与《涅槃经》的主导思想不同。《成实论》初传自长安，成实学也兴起于此地，然后流向南方。成实名家多出自鸠摩罗什门下，其中僧嵩住彭城，僧导居寿春（安徽寿县），发展为成实学的两大系统。

在彭城系，僧嵩及其弟子僧渊公开反对《涅槃》佛性论。在僧渊弟子辈时，此系的思想发生分化。其中道登兼重《涅槃》、《法华》，彻底改变了排斥佛性说的立场。那些坚持原来主张的僧人，大多表现出厌生离世、严峻冷酷的学风。

寿春系的僧导兼重"三论"、《维摩》，得到刘宋王朝的支持，门徒上千人。其弟子道猛得明帝支持，为兴皇寺纲领，使该寺成为南朝成实学的主要基地。萧齐王朝也重《成实》，僧钟、慧次、僧柔等成实论师均受到王室的特别崇敬。萧子良召集京师学僧 500 余人讲《成实》，集成《抄成实论》9 卷。当时重视《成实》的目的，不在于厉行该论所宣扬的教理，而是要以它为基础理解其他大乘佛典。南朝到齐为止，成实论师多兼习《涅槃》、《华严》、"三论"等。到了梁代，成实论师多兼重《般若》。智藏（458～522 年）曾为帝室讲《般若》，首次把诵读《金刚般若经》作为解厄延寿、驱凶获吉的佛教法门。

第五，地论学。

《地论》指《十地经论》，印度世亲著，解释《华严经·十地品》，详细论述菩萨修行的十个阶位（十地），并对经中提出的"三界唯心"、"八识"等有较多发挥。一说此论由菩提流支和勒那摩提于511年左右合作译出，一说两人分别译出。北朝传此论者尊菩提流支，南朝传此论者尊勒那摩提。魏宣武帝（500～515年）曾亲自主持和笔受《十地经》的翻译，崔光曾为沙门、朝贵宣讲，并撰义疏。弘扬此论的早期学僧是道宠和慧光。

道宠是儒生出身，曾从菩提流支学《地论》，并自己开讲，有弟子千余人。到了隋初，此派有名僧志念等。此系地论师被称为北道系，其多种著疏已不存。

慧光曾参与《地论》翻译，在北魏末年、东魏、北齐都受朝廷重视，弟子辈在魏、齐、周、隋历朝任僧官者甚多。此系被称为南道系，代表人物有法上（495～580年）、净影慧远（523～592年）等。慧远所著《大乘义章》保存了重要佛学资料，另撰《大乘起信论义疏》，是最早用《起信论》的观点解释瑜伽唯识思想的著作。

地论师讨论的主要理论是"心性"问题，南北两道对此有不同的理解。北道师认为，世界和人生本体是具有杂染性质的"阿赖耶识"，所谓众生悉有"佛性"，系指众生经过后天的修行，最后必当成佛。这叫"当常"之说。南道把世界和人生的最高本体归结为"清凉阿黎耶识"，或"如来藏"、"无垢识"，认为除去污染障蔽，使本有的清净心性得以显现，即可成佛。这被称为"现常"之说。北朝地论学后与南朝摄论学在涅槃学的基础上汇合，使佛学普遍转向对"心性"问题的探讨。

第六，摄论学。

《摄论》指《摄大乘论》，印度无著撰，初译于北魏佛陀扇多。真谛译出印度世亲的《摄大乘论释》，并自行解说为《义疏》之后，摄论学开始流行。《摄论》是瑜伽唯识学的奠基性著作，着重探讨"心"的性质、"心"产生世界人生的机制，以及据此理论修行成佛的过程。它把阿黎耶识作为世界的本体、认识的本原，从而确立了"唯识无尘"的宇宙观。

摄论学的著名僧人来自两个系统：一是真谛门下的弟子，如智恺、法泰等；一是南道地论派的僧人，如昙迁、靖嵩、净影慧远、辨相等。出自真谛门下的摄论师，大都在陈隋之际由广州北上，经建业，或去蜀地，或奔长安。出自地论派的摄论师，在周隋之际起于京郏，或至建业，或到徐州、长安。这种走向表明，在全国重新统一的新形势下，摄论学与地论学同风靡社会的佛性论、唯识论等最后汇合。

第七，律学。

戒律是约束僧尼个人言行思想和协调、维系僧团组织的纪律，佛教任何一个派别都要涉及。三国时已有戒律传入内地，到南北朝，各种戒本集中译出。属于小乘的典籍有《十诵律》、《四分律》、《摩诃僧祇律》、《五分律》、《善见律毗婆沙》等；属于大乘的典籍有《梵网经》（或称《菩萨戒本》）、《优婆塞经》等。相比较而言，小乘戒律规定烦琐，动辄列举数百戒条，重在限制僧众的言行，可操作性强；大乘戒律规定简单，重在限制受戒者的思想动机，比较轻视行为的实际后果。在南北朝流行的所谓"大乘菩萨戒"除僧尼要授之外，也授给信奉佛教的帝王贵族和居士。在僧侣中最为通行的是小乘戒律，在受小乘的具足戒后方受大乘戒。

南朝齐梁的僧祐（445～518年），既是著名佛教史学家，也是律学大家。他尤重《十诵律》，为齐竟陵王讲律时，听众常近千人。北魏慧光是北朝律学之宗，撰有《四分律疏》等，在僧侣中广为流行，被后代视为中国律宗的奠基者。

第八，禅学。

禅是佛教各派普遍采用的修行实践，主要特征是遵守一定的规则、按照一定的程序运用思维活动，以便认识特定的教义，获得相应的感受，引发相应的意境，得到与教理相契合的智慧，达到所规定的解脱境界。

印度禅学从汉末就输入内地。但在魏晋时期，文士普遍重视般若智慧，轻视禅定修习，禅学没有得到充分发展。晋宋之际，禅智并重在僧侣中开始占主导地位。佛陀跋陀罗、慧严、慧观等人传罽宾达磨多罗和佛大先的禅法，并且力图以"禅"统摄佛教的全部理论和实践，禅学逐步从整体佛学中独立出来。

修持禅定的某些人可以用"神异"吸引信众，在贫困和破产的民众中有一定的号召力。佛陀跋陀罗在长安传习禅法时，聚众数百人，显示神通，因而被摈出走。北朝比较重禅法，著名禅师有惠始、佛陀、僧稠等，都受到北朝帝王的殊礼。他们所传的禅法，既有属于大乘的，也有属于小乘的。

在官方支持的禅法之外，还有许多禅师在民间传禅，当时地位并不显赫，但流传较广，在后世被人推崇。以后被奉为禅宗初祖的菩提达摩，即为最显著的一例（这部分内容在禅宗一节中追述）。

南北朝的学问僧在混合研究各类佛典基础上，逐步打破了般若学一统天下的局面，使佛学呈现多头发展的态势。在这种发展中，心性论成为强大的佛学思潮。南北朝兴起的诸派师说，为隋唐佛教宗派的建立提供了理论、资料和组织准备。

六 佛教昌盛与诸宗态势

 隋唐佛教的整体构架

从隋唐开始，中国成为北传佛教的中心。由隋（581～618年）经唐（618～907年）到五代（907～960年）近400年间，佛教自身虽然也有起落变化，但就总体而言，隋唐佛教可称为中国佛教史上的最昌盛时期。这一阶段的佛教具有多方面的成就和特别鲜明的特点。

在佛经翻译史上，隋唐既是完全成熟时期，也是最后兴盛时期。唐末以后，虽然历朝译事并未完全断绝，但成就甚微，尤其不能构成影响本国佛教的重要因素。

隋唐译经集中在唐宪宗之前。据《开元录》和《贞元录》统计，自隋天皇元年（581年）至唐贞元十六年（800年）的220年中，约有僧俗译者49人，译出各种典籍491部2622卷。

隋唐颇负盛名的译家有四人。隋代彦琮参加过长安大兴善寺和洛阳上林园两处译场，精通汉梵，曾将

《舍利瑞应图经》和《国家祥瑞录》合成 10 卷，译成梵文，传之西域。译汉为梵，在此之前是罕见的。玄奘是唐代最大翻译家，共译经 76 部 1347 卷，占隋唐全部译经卷数的 1/2 还多。唐义净侧重于译律藏，不空侧重于译密教经典。我国汉地僧人在译经中发挥主要作用，乃是前所未有的事。

隋唐译籍多重译。隋代译经家阇那崛多共译经 39 部 190 卷，其中属于重译者占 20 部。唐代译出不少卷数甚多的大部头经典，实际上属于编译的丛书性质，如《大般若经》600 卷，《大毗婆沙论》200 卷，《大宝积经》120 卷，《华严经》80 卷。此类典籍或全属重译，或其中相当部分内容属重译。唐代译籍也多密教经典。不空共译经 111 部 143 卷，几乎占隋唐全部译经部类的 1/4，均属密教经典。

隋唐译经由国家支持，译场制度臻密完善。译场中有主译者，有笔受（文字记录）、证梵本（把译文与原梵本对校）、润文（对译典进行文字加工）、校勘，等等，使提高译文质量有了制度保障。隋唐译经理论家们认识到，译文质量不但与译者的学问有关，而且与译者的信仰、品质、学风有关，因此对参加佛经翻译者提出多方面的高标准要求。据隋代彦琮的《辩正论》所说，译者要有坚定的信仰、扎实的语言文字功底，精通大小乘教义，并且淡于名利、不欲高炫、不求速效、不好专执、器量虚融。能够对译经者提出这样的综合标准，自然保证了步入译场者属于当时佛学界的精英。

隋唐时期，中国僧人撰写的各类佛教著作空前丰富。据学者统计，隋代至唐元和中，撰述不下 2000卷。现在留存的隋唐章疏有 160 部 1400 卷。中国撰述包括章疏、论著、纂集、史地著作、佛经目录等多种类别。其中，章疏尤为引人注目。章疏指注解佛教典籍的著作，本来只是介绍经典主要内容，解释文义，以便于人们阅读原典。事实上，大多数章疏是借题发挥，用来表达注解者个人的思想。在隋唐形成的各大宗派中，除禅宗以外，基本都采用这种方式来组织和发挥本派的学说。禅宗用以发挥本派学说的形式是《语录》。中国著述逐渐流行起来，甚至有取代传统译籍的势头。许多中国著述还流传到日本、朝鲜、越南等周边国家，这是以佛教书籍为载体的中国文化的传播。

隋唐时代也是佛教礼仪发展的时期。社会上广泛流行各种定期和不定期的法会，定期法会如佛诞日、成道日、涅槃会、盂兰盆会等。不定期的法会有佛牙供养法会、斋会、八关斋会、讲经法会等。法会是僧俗均参与的佛教集会，有的在寺院举行，有的在信徒家中举行，像天子诞辰、国忌日的法会，则行于宫廷。各种法会的目的，不外乎是保佑生者，超度亡者。佛教的许多礼仪在民间流行，逐渐成了固定的节日，成了民族风俗的一部分。

到了唐朝，沙门不敬王者的时代彻底结束。在隋唐以前，佛教界头面人物往往以方外之宾自居，公开倡导沙门不臣天子，不拜父母。直到高宗显庆二年

（657 年）二月，还下诏斥责僧侣接受父母礼拜的现象。在唐初时，沙门对帝王自称"贫道某"、"沙门某"。高宗龙朔二年（662 年）四月，诏命僧人向君王和父母礼拜，佛教徒必须遵守儒家的伦理规范。肃宗上元元年（760 年）三月八日，禅宗六祖慧能的弟子令韬在上疏中称"臣"。这一称谓此后成为永式。特别是武则天开了为上层僧侣封爵赐紫的先例，加速了佛教俯就王权的进程。由于唐王朝加强了对佛教的政治干预，佛教与王权的关系彻底确定下来。

隋唐佛教的昌盛，使它具有了与道教和儒教鼎足而立的资格，三教的斗争和融合向纵深发展。从夷夏之别的角度着眼，儒教和道教往往结成反佛的统一战线；从富国富民的方面考虑，佛教和道教又都成为儒家人士批判的对象。唐代反佛的代表人物是傅奕和韩愈，其言论基本为后世排佛者定下了调子。

唐高祖为抬高李氏门第，认老君李耳为祖，提出道先佛后的排列次序。武则天利用佛教大造称帝舆论，以"释教开革命之阶"，又提出佛先道后的新安排。唐玄宗则再将道教置于佛教之上。由于国家的干预，佛道斗争时起时落，几乎没有中断过。另一方面，隋唐时期佛道思想在深层交融，两晋南北朝以来流行的佛学思潮，不同程度地渗透到此时产生的道教经典中。《太玄真一本际经》吸收般若空观，《海空智藏经》、《道教义枢》受佛性论影响，《洞玄灵宝太上真人问疾经》与《法华经》关系密切。通过相互冲突、融合，三教思想实际上已处于你中有我、我中有你的混融状态，共同构成中国传统文化中分割不开的有机组成部分。

隋唐佛教昌盛发达的最集中体现和最重要标志，是具有中国特色的诸大宗派形成，由此奠定了整个中国佛教的派系格局和理论框架。在隋代形成的宗派有三论、天台和三阶教，在唐代形成的有法相、华严、禅宗、密宗等。

另外，还有习称"净土宗"和"律宗"者，实际上并不是完全意义上的宗派。唐代道绰（562～645年）、善导（613～681年）对阿弥陀佛信仰进行了系统论证，并且大力倡导弘扬，被后人奉为净土宗祖师。他们认为，只要修习念佛净土法门，众生皆可凭借阿弥陀佛本愿的神奇力量往生净土世界。由于口诵佛号的活动简单易行，不需要佛学知识的积累和严格的修行实践，吸引了为数众多的信奉者。此后，西方净土信仰逐渐为大多数派别共同接受。它作为一种信仰通行于佛教界和社会许多阶层，但并不是一个具有相对独立性的宗派。

唐代道宣（596～667年）著书弘扬《四分律》，主张诸恶莫作的"止持"和众善奉行的"作持"，并且依据阿赖耶识的"善种子"为"戒体"，对律进行理论阐述。由于他常住陕西终南山，被称为"南山律宗"，以别于他派律学。戒律是每个僧尼都要遵守的，律学实际上也无法从整体佛教中作为一个宗派独立出来。不过，道宣所倡导的律学，一直是中国佛教中的正统学说。

佛教各大宗派一般都建立了比较稳定的传法基地，提出了相对独立和自成体系的学说，编排出师资相承的传法系谱，拥有来自社会各阶层的信仰徒众。各宗派学说体系的形成，主要是在新形势下对六朝佛学进行全方位、多层次、多角度整理、归纳、吸收和创新的结果，同时也与接受域外佛教的持续输入有关。国家的政治统一，隋唐各代帝王不同程度的支持，是各大宗派能够兴起的社会和政治保障。随着各宗派的创立、演化，中国佛教向周边国家的传播也进入了新阶段。

隋唐诸帝的佛教政策

隋朝帝王信仰、利用和扶植佛教，即便以暴君著称于史的隋炀帝也是如此。

隋文帝杨坚（581～604年）生长于佛寺，受智仙尼养育，深信自己当皇帝有赖佛佑，对佛教有特殊感情，自觉把振兴佛教作为巩固统治的一项重要措施。他在位20余年间，度僧尼23万，立寺3792所，抄写佛经46藏13286卷，整修旧经3853部，造佛、菩萨像106560躯。仁寿年间三次下诏，在全国113州建舍利塔。当时佛像寺塔遍及各地，民间佛经多于六经数十百倍。遭受北周武帝打击的佛教在短期内迅速复兴。

隋文帝礼敬学问僧，鼓励义学，支持高僧传教。开皇十二年（592年），在长安设大论、讲论、讲律、涅槃、十地等五种众，各众有众主一名，让他们宣讲自己擅长的佛教典籍或义理。同年又设立二十五众，由国家提供经费，从事传教工作。

隋炀帝杨广（605～618年）也信仰佛教。他在任扬州总管期间，结交沙门智𫖮，并受菩萨戒，俨然成了佛门弟子。他在扬州建所谓"四道场"，以慧日、法云两佛寺住和尚，以玉清、金洞两道观住道士，积极笼络和殷勤供养僧道。江南佛教界的重要僧人，如智脱、法澄、智矩、吉藏、慧觉、慧乘、法安、法称等，咸集于慧日道场。

开皇二十年（600年），杨广在京城建日严寺，集中了全国的著名学问僧，有彦琮、智脱、吉藏、慧𫖮、明舜、法澄、法论等等。既有著名译经家，又有隋朝佛教宗派创始人。经过隋朝两代帝王的着力经营，长安成为全国佛教的最大中心和最活跃地区。大业年间（605～616年），隋炀帝在洛阳宫廷建慧日道场，"内道场"之名即始于此。

在唐代诸帝中，真正信仰佛教者为数极少。他们对佛教采取的或扶植、或贬抑、或限制、或镇压的诸种措施，主要从政治方面考虑。对唐代佛教发展影响较大者，不出唐太祖、唐太宗、武则天、唐玄宗和唐武宗等人。

唐高祖（618～626年）起义之初，曾于华阴祀佛求福，表明他对佛教并非全无信仰。即位之后，出于抬高李氏门第、为新政权增色的政治目的，他认老子为祖，重新安排三教位置，贬抑佛教的倾向十分明显。武德七年（624年），唐高祖幸国学释奠，命博士徐旷讲《孝经》、沙门慧乘讲《心经》、道士刘进喜讲《老子》。武德八年（625年）下诏，定下了道先、儒次、释后的三教排列次序。

唐太宗（627～649年）早年明确表示不信仰佛教，但到贞观年后期态度有所转变。贞观十五年（641年），唐太宗亲临弘福寺，为太穆皇后追福，手制愿文，自称菩萨戒弟子。对贞观十九年（645年）游印归国的玄奘，唐太宗推重有加，恩遇优渥，大力支持其译经和传教。贞观二十二年（648年），唐太宗令各州寺院度僧，时全国有寺3716所，计度僧18500人，是唐初以来最大的度僧活动。从太祖到太宗，基本定下了以儒为主，并用佛道的国策。

从唐太祖定下认老子为祖的调子后，唐代帝王中崇道抑佛者甚多，致使佛道争斗时起时落，从未断绝。唐初朝廷反佛的代表是太史令傅奕。他多次上疏，认为佛教乃是西域妖言，恐吓愚夫、诈欺庸品；批评佛教剥削民财，与国家争利；斥责僧尼不忠不孝，与国与家都有害，因此坚请罢除。傅奕的坚定反佛之举，对佛道争辩有推波助澜的作用。武德九年（626年），清虚观道士李仲卿著《十异九迷论》，刘进喜著《显正论》，托傅奕奏上。沙门法琳著《辩正论》反驳。贞观十三年（639年），道士秦世英密奏法琳的《辩正论》攻击老子，诽谤皇宗。唐太宗流放法琳。

自显庆（656～661年）以后，高宗苦于风疾，武则天实际上已开始掌握唐朝政权。载初元年（689年），十名沙门进呈《大云经》，并造《经疏》，认为经中所说"即以女身当王国土"者，即应在武则天身上。据此，武则天命两京及诸州建大云寺，藏《大云经》，并于当年正式称帝，改国号为周。她即位之后，便宣布"释教开革命之阶，升于道教之上"。佛教为她称帝制造了神圣的舆论，她又推行崇佛抑道的政策，目的是打击最危险的政敌李氏宗系。长寿二年（693年）菩提流支等又译《宝雨经》上武则天，该经是梁曼陀罗仙所译《宝雨经》的重译，但新添了一个佛授记（预言），说"日月光天子"当于"摩诃支那国""现女身为自在主"。佛教又为巩固武则天的统治造舆论。

武则天接待外来译经僧，笼络神秀等禅僧，特别支持华严宗。她曾派人到于阗，求取 80 卷本《华严经》。695 年，此经于洛阳大遍空寺始译，武则天曾亲受笔削。699 年此经译毕，她又亲制序文。对于华严宗的实际创宗者法藏，武则天更为敬重。

武则天曾封白马寺僧薛怀义为新平道行军总管，封沙门法朗等九人为县公，赐紫袈裟银龟袋。由此，武则天开沙门封爵赐紫先例，加速了佛教屈从王权的进程。由于她大张旗鼓地崇佛抑道，出现了道士改换门庭，削发为僧的现象。有道士杜义，入佛授记寺为僧，名玄嶷。因为他刚入佛门，应居下位，武则天敕赐虚腊三十夏，即承认他有为僧三十年的资历。这是中国佛教史上的赐夏腊之始。

唐玄宗（712～755 年）极重道教，在即位之初，曾对佛教有所限制。但他对相继来华的善无畏、金刚智和不空特别礼待，对密宗的形成和流传起了促进作用。开元二十四年（736 年），唐玄宗亲注《金刚经》，并颁行天下。

在宪宗（806～820 年）统治时期，出现了唐代又一反佛代表韩愈。元和十四年（819 年），宪宗命从凤翔法门寺迎佛骨入长安，先在宫中供养三天，然后送各寺巡回展示，让人礼敬、供养，从而煽起全国性的宗教狂热。当时任刑部侍郎的韩愈作《谏迎佛骨表》，指出：佛骨乃是"朽秽之物"，应该投诸水火，永绝根本，断天下之疑，绝万代之惑。他还斥责佛教不知君臣之义、父子之情。韩愈反对迎佛骨，全面批判佛教，实际上是为振兴儒学、维护儒家"道统"而战。在他的《原道》、《原性》、《原人》等论文中，更充分地表达了这种观点。韩愈因谏迎佛骨被贬为潮州刺史，但他的思想一直影响着后世主张排佛抑佛的儒士。

随着唐代佛教的发展，特别是寺院经济的恶性膨胀，严重损害了统治阶级的国家利益。在道教人士的舆论鼓动下，唐武宗（841～846 年）采取了灭佛措施。会昌二年（842 年），武宗令僧尼中的犯罪者和违戒者还俗。到会昌五年（845 年），灭佛运动达到高潮。根据当年八月公布的结果，拆寺院 4600 余所，拆招提、兰若 4 万所，还俗僧尼 260500 人，收寺院奴婢为两税户者 15 万人，没收肥沃良田数千万顷。按照规定，两京剩下寺院 4 所，分别留僧 30 名，各州仅余寺一所，依其等级留僧 25、10 或 5 名。

会昌灭佛，无疑是对佛教十分沉重的打击。寺院遭毁，田产被夺，僧尼还俗，典籍散失，尤其使佛教经院义学的黄金时代一去不复返。其后，农民起义爆发，社会长期动荡，持续冲击着佛教，使它不得不寻找新的生存道路。佛教各宗派由此呈现出不均衡发展的态势。

天台诸祖与天台教义

天台宗源于北齐南陈，形成于隋代，其公认的传承法系是"天台九祖说"，即印度龙树、慧文、慧思、智𫖮、灌顶、智威、慧威、玄朗、湛然。推龙树为始祖，据说是其思想对天台教义有影响。天台宗的实际创立者是智𫖮，慧文和慧思可称为天台宗的先驱者。此外较重要的人物是灌顶和湛然。

慧文是北齐禅僧，曾聚徒数百人，传授禅法，保持着北朝佛教重禅定修习的特点。他联系《大智度论》和《中论》，提出"一心三观"，为日后的天台宗教义铺下第一块理论基石。

南陈慧思（515～577年）俗姓李，武津（河南上蔡）人，曾就学于慧文。他通过阅读《法华经》，自悟所谓"法华三昧"，由此开始崇拜《法华经》，这是天台宗最重要的经典依据。他提倡"教禅并重"，"定慧双开"，即把研习经典、钻研教理与坐禅习定结合起来，既继承了北方佛教重践行的传统，也保持了南方佛教重玄理的特点，开创了佛学的新格局。

智𫖮（538～597年）的著作很多，其中《摩诃止观》、《法华玄义》、《法华文句》被称为"天台三大部"，为天台宗最重要的代表作。他基本为天台宗构造了特有的学说体系，确定了比较稳定的核心理论。

智顗俗姓陈，荆州华容（今湖北潜江西南）人，18 岁出家，23 岁从学于慧思。陈光大元年（567 年），智顗率 30 余人到金陵，8 年中，讲解《大智度论》，演说《释禅波罗蜜次第法门》、《法华玄义》等。陈宣帝（569～582 年）请他住瓦官寺，为他在天台山建禅寺，并拨给始丰县的一部分赋税充供养。从陈太建七年（575 年）开始，智顗常住天台山 10 余年，此后的"天台宗"之名，即由此而来。在天台苦修禅定的同时，他也完成了自己的学说体系。南陈灭亡，他一度居住庐山。隋开皇十一年（591 年），应晋王杨广之召到扬州，为其授"菩萨戒"，并受"智者大师"号。约开皇十三年（593 年），智顗到荆州玉泉寺弘教。

智顗先后得到陈隋两朝帝王的直接支持，积极致力于创宗建派活动。他一生建寺院 36 所，亲手度僧 14000 余人，通过大建寺院和广收门徒，使他的僧团成为当时最有势力的一派。仁寿元年（601 年），天台僧人在杨广援助下建天台寺，后易名国清寺，这是天台宗的圣地。

初唐时期，天台宗保持着兴旺势头。智顗最著名的弟子灌顶（561～632 年），记录和整理"天台三大部"，并著有《涅槃玄义》、《观心论疏》、《国清百录》等，对弘扬智顗思想起了重要作用。

被奉为九祖的湛然（711～782 年）俗姓戚，曾从学于玄朗（673～754 年）。他曾批法相宗，驳华严宗，斥禅宗，并对天台宗的旧命题作出新解释。他提出的"无情有性"说，在佛学界颇有震动。湛然使天台宗出现"中兴"局面，但并没有维持多久。中唐以后，天台宗也和大多数佛教宗派一样，呈现衰落之势，直到宋代才一度稍有起色。

天台宗的理论中心是止观学说。止观原指通过平息散乱心绪，集中观想（思考）特定的教义，从而获得般若智慧。天台宗是把止观视为解脱的根本途径，并用以概括佛教的全部理论和实践。这种止观学说的理论基础是"实相论"。"实相"指世界不依赖人的意识而存在的真实体相，与"真如"、"真谛"属同类范畴。体认或契合"实相"的认识，属于佛智，也就是般若。通过止观修行获得佛的智慧，把握"实相"，是天台宗全部止观学说的出发点。以智颛为主的天台宗代表人物，出于对实相的不同理解，提出一系列的止观修行方法和学说，构成本宗的整体理论框架。

通过阅读《大智度论》，慧文认为，作为佛的智慧的三个组成部分，即道种智、一切智和一切种智，可以由所谓"一心"获得，这叫"三智一心"。也就是说，佛的智慧不出一心。另外，《中论》里有个"三是偈"："因缘所生法，我说即是空，亦为是假名，亦是中道义"。慧文根据这个偈文得出结论：这里讲的空、假、中就是一切因缘法的"实相"。他将空、假、中称为"三谛"，认为此三谛可以由"一心"中得到，叫"三谛一心"。将这种道理运用于止观实践上，叫"一心三观"，即于一心中同时观察思考空、假、中，三者是统一不可分割的，由此可得到上述三种智慧，此即为佛智内容。

慧思依据《法华经·方便品》中描述的"十如是"，发展了慧文的三谛实相说，提出十如是实相。"十如是"指事物的相、性、体、力、因、缘、果、报、本末、究竟等十种性质或关系。慧思认为，十如是也是一切法的"实相"，所以也属于佛智。这是一个重大的理论变革。慧文的"三谛实相"是把不真实性（空、假）作为现实世界的共性，慧思的"十如是实相"是把事物的真实性质和关系作为现实世界的共性。慧思的思路与大乘佛学区别较大。

智颛把"一心三观"提炼成为"圆融三谛"，使天台宗止观学说完全成熟。他认为，止观要求认识主体（观照）必须处于虚寂状态（空），借助（资成）佛教所说的义理（假），去认识特殊事物的"真性"。这种"真性"是假和空的统一，叫作"中"（中道）。这样"中"就变成了最高的"实相"。由于空、假、中这三谛之间并无先后次第关系，而是并存于同一对象的不同侧面，在观法上不容将它们对立起来，所以叫"圆融三谛"。

智颛晚年提出"性具实相"说。他认为，"十如是"为区别一切事物的特殊性（别相），而区别一切众生的特殊乃是"十法界"，即六凡（地狱、饿鬼、畜生、阿修罗、人间、天）和四圣（声闻、缘觉、菩萨、佛）。十法界中任何一类众生都具有自身的"十如是"，如此相互包容，推算出一千种差别，再配上佛讲的"五阴世间"、"有情世间"和"器世间"，总共是三千种差别。这三千种差别虽然纷然杂陈，但都存在于人们的一念心中，这叫"一念三千"。由于众生作业不同，存在于心中的三千世界就随之有隐有显，呈现出不同的果报。这种本有的三千就是"实相"，也叫"法性"。法性一心中本身具备了三千世界，这叫"性具"。很明显，三千世界有善有恶，这就叫"性具善恶"。也就是说，佛也有恶性，一阐提人（恶人）也有善性。特别提出性恶，是智𫖮的独创。

此外，智𫖮还在南北朝时期一些判教学说的基础上提出"五时八教"的判教学说。这是对全部佛教经典和教义进行分类，评其优劣高下，把本宗所依据的《法华经》置于最高地位，从而为抬高本宗服务。

湛然以提出"无情有性"之说闻名。佛教一般认为，成佛是"有情"众生的事；"无情众生"，即没有感觉、意识和思维活动的草木瓦石之类，没有佛性，也就不能成佛。湛然则认为，佛性是永恒遍在的精神实体，既存在有情众生之中，也体现在无情之物中，所以无情之物也有佛性，也有成佛的问题。这是把意识和思维赋予物质，是一种佛教的泛神论。《庄子》中讲道在"梯稗"、"瓦甓"，与这种观点近似。湛然的"无情有性"说，从根本上扩大了成佛的范围。

通观天台宗的理论基础"实相论"，有两个最显著的特点。其一，承认一切存在都是合理的。天台宗所讲的"实相"，实际上包含了一切，在慧文那里，指虚假的现实世界的共性（空假中）；在慧思那里，指一切事物的所有性质和关系（十如是）；在智颉那里，又加上了用神话构造的一切众生（十法界），从而扩展为三千世界。对于这一切的认识，都属于佛智的范围，对于这一切的体认，都属于把握实相的过程。把这种理论运用于现实生活，就得出了"治生产业皆与实相不相违背"（《法华玄义》卷三）的结论，即一切存在都是合理的，人们的一切活动（治生产业），都是把握实相、获取佛智、达到解脱的过程。其二，给一切人以解脱的自信。佛与众生在性具上完全平等，都有善恶两个方面。佛有恶性，但佛不为恶所污染而为恶；恶人有善性，遇到适合条件，发挥主观能动性，即可为善。无论善人或恶人，都可以通过弃恶从善的修行达到解脱。湛然提出"无情有性"，则把这种理论引向极端。因此，天台宗的核心理论具有广泛的适应性，使它能够获得来自社会不同阶层的人们的支持。这是天台宗能够比较持久兴盛的原因之一。

吉藏与三论宗

　　三论宗由南北朝的三论学发展而来，创始人是吉藏。本宗尊崇印度龙树所著的《中论》、《十二门论》，提婆所著的《百论》，故名。吉藏认为，诸佛因为众生不能得道，所以讲说了"经"；菩萨又看到众生不理解佛经，所以撰写了"论"。这大约是他崇论不崇经的原因。

吉藏（549～623 年）俗姓安，祖籍安息，生于金陵。他幼年时随父见到真谛，得名"吉藏"。他 7 岁随法朗出家，19 岁替法朗复讲经论。隋平百越（今浙江、福建一带）后，他住会稽嘉祥寺宣讲"三论"，听众达数千人，因而被后世尊称为"嘉祥大师"。吉藏曾受隋炀帝之请，先后住扬州慧日寺和长安日严寺。唐代初年，他被任命为统辖全国僧侣的十大德之一。

吉藏勤于搜集各种佛教典籍，涉猎广博，是当时知名度最高的学僧之一。他一生讲"三论"100 余遍，《法华经》30 余遍，《华严经》、《维摩经》等各数十遍。他的著作很多，现存有《三论玄义》、《中观论疏》、《十二门论疏》、《二谛论》、《华严经游意》等26 部。

吉藏传教于南北两地，弟子很多，知名者有智实（601～638 年）、硕法师，两个名叫慧远的，两个名叫智颛的，等等。出自硕法师门下的元康，是吉藏再传弟子中最著名者。在此之后，三论宗衰落，但迅速传到朝鲜和日本。

三论宗采用遮诠（否定）方法，批判一切执著，显示作为本体的"理"乃不可知和不可思议。这是三论宗的理论特点。除了"破邪"之外，它实际上没有所谓"显正"，而认为"破邪"本身即为"显正"。三论宗认为，在语言思维和客观实在之间，有一条不可逾越的鸿沟，前者以分别有无是非等差别性为特点。绝对不能对无差别性的后者作出正确反映。三论宗就是从这种不可知论观点出发，讨论当时佛教的主要问题，集中在"真俗二谛"和"八不中道"。

"真谛"指宗教真理，"俗谛"指世俗真理。吉藏认为，由于"理"是不二的，所以真俗二谛都只能是假说，达不到绝对真理。同时，各种世俗认识，哪怕是完全对立的，也各具有真理性；佛所讲的一切教法，包括各种论师的理解，不管如何矛盾，也可以成立。因此，既不执著于真谛，也不执著于俗谛，领悟它们的相即不二关系，即为"二谛中道"。

吉藏很重视《中论》开首讲的"八不"，并且作了许多琐细说明。总的说来，诸法实相是远离生灭、一异、断常、来去诸范畴的，不执著于两边（两个极端），即是中道原理，这是诸佛说教的中心点，也是一切圣贤的践行处。这是教导人们，在修行过程中不要执著，不要把是非得失看得太重，不要追求有所得。

吉藏所著运用破邪的方法，彻底否定一切，论证很繁琐，但所要说明的问题却很简单。这种外观看来批判性很强的学说，其理论归宿却是主张圆融无碍。既然不要对一切执著，自然也就用不着誉此毁彼，任何教派和观点都有一定的存在合理性。这对于缓和和消除佛教内部及三教之间的斗争，都有明显的现实意义。

作为一个宗派，三论宗的历史很短暂，但它所继承的大乘空宗理论，在中国佛教思想史上影响深远。

 5 信行与三阶教

三阶教也称三阶宗、普法宗，均依其教义特点立名，由隋代信行创立。在信行所倡导的理论和实践中，既弥漫着对佛教衰亡的强烈忧患意识，又体现着希望摆脱危机的痛苦挣扎。三阶教曾被大多数正统佛教徒视为异端，并接连受到统治阶级的取缔和政治迫害。

信行（540～594年）俗姓王，少年出家，修学于相州（河北临漳）法藏寺和光严寺。在北周灭佛时，他一度还俗。开皇元年（581年），隋朝复兴佛教，信行进京，为仆射高颎所敬重。信行与门徒在京城建化度、光明、慈门、慧日、弘善诸寺院，一度形成较大影响。信行著有《对根起行杂录集》、《三阶位别录集》等书，阐发三阶教义。

三阶教的基本理论是三阶普法说。信行把整个佛教按时（时间）、处（地点）、人（根机）分为三类，从佛教历史演进看，有正法、像法、末法三个阶段；就众生所居住的地方而言，有净土和秽土之分；就众生而言，有凡圣之别；就众生所能够接受的佛法讲，有一乘法、三乘法。把这些分别配列起来，就构成三阶教教义的骨架。其中有些是取自佛典中的说法，有些是信行的创造。

佛灭后的第一个五百年为正法时期，其"处"为净土，是一乘（佛、菩萨）众生所居，这些圣人修"一乘法"。这是第一阶机。佛灭后的第二个五百年（一说也包括第三个五百年），属像法时期，此"处"是秽土，为三乘（凡圣混杂）众生所居，众生修行三乘别法。这是第二阶机。佛灭千年后（一说一千五百年后），是"末法"时期，即指信行所处的时代。此处为秽土，也叫"五浊诸恶世界"，是一个极肮脏的世界，此时的一切众生根性低劣，邪解邪行。这是第三阶机。让这些众生修一乘法或三乘法都不能得悟，只能修信行倡导的"普法"，全称"普真普正佛法"。这时，对佛法不能再分大小，对人不能再区别凡圣，应该无差别地普信一切法，普敬一切人。此即为"普法"。

从修行者的角度讲，普法有两方面的含义，即对他人的普敬和对自己的"认恶"（认识自己所具有的罪过）。把普敬和认恶结合起来，形成三阶教的诸多实践活动和信仰内容，称为"普行"。三阶教反对净土信仰，主张念地藏菩萨。三阶教特别强调忍辱苦行。每日里乞食为生，路见行人，不分男女，都要礼敬，以实践《法华经》中讲的"常不轻行"（一种菩萨修行）。死后尸体要放置森林之中，供鸟兽食，这叫以身布施。

普行的一个最重要内容是"无尽藏行"。"无尽藏"指专为佛教发展储蓄的财物，起源于梁武帝时。信行要求，加入无尽藏者每天至少要舍一分钱或一合粟。用这种无尽藏的财物布施贫穷者，可激发起他们的从善之心；施物于无尽藏者，又可以因此而发菩提心。无尽藏不仅包括钱帛，还包括土地、庄园、牲畜等。无尽藏分三部分使用，一份用于寺庙修缮，一份用于救济贫民，一份用于供养僧众。"无尽藏行"使三阶教的经济力量迅速增加，社会影响迅速扩大。

信行死后不久，三阶教就开始受到朝廷压制。开皇二十年（600年），隋王朝下令禁止。信行的著名弟子有本济（562~615年）、僧邕、慧了（? ~656年）、慧如（? ~618年）等。其中慧了曾得到唐太宗礼遇。三阶教在唐初重新复兴，主要是在长安一带。武则天证圣元年（695年），认为三阶教典籍有违佛意，令收交礼部，按伪经符箓处理。圣历二年（699年），朝廷对三阶教的修行活动予以干预，除乞食、长斋、持戒、坐禅以外，其他活动均为违法。开元元年（713年），朝廷令毁除无尽藏院。开元十三年，废除三阶院，三阶教的经典也被列在禁止之列。所以，三阶教的典籍散失严重。三阶教大约流行到唐代末年。

6 玄奘与法相宗

法相宗又名唯识宗、慈恩宗，以继承大乘瑜伽行派一系学说为主。它的形成与玄奘西游印度分不开。

玄奘（600~664年）俗姓陈，名讳，洛州缑氏（河南偃师缑氏镇）人，13岁破格受度为僧。隋末唐初，他游学于南北各地，先从兄长游历长安，次逾剑阁抵成都，再经三峡至荆州，北达相州和赵州，约27岁时返长安。玄奘先后从学于当时13位学问僧，通晓一切有部诸论，尤其偏重真谛所传介的唯识学。他博闻强记，理解力强，年未三十，已经成名。当时佛学界对心性和佛性等问题看法颇不相同，经典中又找不到释疑解难的明确答案，玄奘因此立志西去印度，求取《瑜伽师地论》。

贞观三年（629 年），玄奘上表请求出国未获允许，使毅然孤身偷越边关，踏上西行的漫漫长途。他比法显更艰难地走过中亚地区，到达古印度。

在印度期间，玄奘就学于各地知名学问僧约 15 人，其中随戒贤学习时间最长。贞观八年（634 年），玄奘到达王舍城，进入那烂陀寺，这是当时印度的最重要学术中心。玄奘被推为那烂陀寺的十大德之一，地位尊贵，待遇优厚。他着重听著名学问僧戒贤三藏讲《瑜伽师地论》，旁及瑜伽行派的其他论著，以及有部、中观诸派的代表作，前后历时 5 年。既有在国内打下的学问基础，又从学印度多位名师，玄奘赢得印度学界的崇高赞誉。

特别值得骄傲的，是玄奘有能力站在印度学术发展的最前沿，参与当时学界就某些重要问题的论辩。师子光是当时著名的中观派论师，用本宗的"二谛"说反对瑜伽行派的"三自性"说，玄奘著《会宗论》三千颂，加以调和。南印正量部论师般若毱多著《破大乘论》，玄奘著《制恶见论》予以批驳。

玄奘在五印学界声誉日隆，受到戒日王和拘摩罗王（今阿萨姆邦地方的国王）敬重。在曲女城为玄奘召开五印度论师大会时，到会的有 18 位国王、3000 余名僧人、2000 余名婆罗门及尼乾外道，以及千余名那烂陀寺僧人。玄奘作为论主，将论意写出，任人问难。持续 18 天，竟无人发问，玄奘取得全胜，被赞誉为"大乘天"和"解脱天"，表明无论大小乘佛教信徒还是"外道"信徒，都敬佩他的学问。他为祖国赢得的荣誉是前无古人的。玄奘还向印度国王介绍唐太宗和唐朝情况，开创了中印两国友好交往的新篇章。

贞观十九年（645 年）初，玄奘载誉归国，迎其入长安者数十万人。玄奘西行东归首尾共计 17 年，亲历 110 国，传闻 28 国。他把所见所闻记录下来，应太宗之请撰成《大唐西域记》12 卷，是今天研究古印度和中亚史的重要文献。

唐太宗在洛阳接见玄奘，安排他到长安弘福寺译经。玄奘从印度带回梵经 520 夹 657 部。经过 19 年勤奋不辍的翻译，总共译出 74 部 1335 卷。唐太宗为他的译籍撰写了《大唐三藏圣教序》。玄奘译经先是重在瑜伽行派和说一切有部的某些著作，其后又系统翻译了般若类经典的总集。以后长安建成慈恩寺，成为唯识宗的主要传法基地。

玄奘门下名僧辈出，尤以窥基最具影响。唯识法相宗正是由玄奘和窥基共同创立的。窥基（632～682年），长安人，出身于唐贵族鲜卑尉迟氏。他长期追随玄奘，颇受重视。玄奘曾单独为他讲陈那的因明学（佛教逻辑学）等。窥基信奉弥勒净土，弘扬《法华经》，同其师玄奘一样，也是兼通多种经论，并不仅限于瑜伽行一派。窥基比较轻视戒律，据说他出游之时，有三车首尾而行，前车装经书，中车自乘，后车则载家使女仆，被讥为"三车和尚"。窥基著述极多，代表作有《成唯识论述记》，此外还有《成唯识论掌中枢要》、《因明入正理论疏》、《瑜伽师地论略纂》、《法华经玄赞》、《大乘法苑义林章》等。

窥基的知名弟子有慧沼、智通、智达等。慧沼（651～714 年）著《成唯识论了义灯》，反驳圆测的《唯识论疏》，另著有《能显中边慧日论》、《因明入正理论义纂要》等，阐述法相宗教理，保持着法相宗的兴盛。智通和智达是日本入唐求法僧，回国后开创日本法相宗的重要一支。

慧沼的弟子智周（668～723 年）曾学习过天台宗教义，著有《成唯识论演秘》、《因明入正理论前记》及《后记》等。智周有日本弟子玄昉，新罗弟子智凤、智鸾、智雄等，形成日本法相宗的另一重要支派。此外，日僧道昭曾入唐师事玄奘，回国后成了日本法相宗的初传大师。法相宗在日本传承不断，一直延绵至今。我国法相宗师资传承断绝早，但它的经典一直有学僧研究，其教义一直在佛学中起作用。到了近代，法相学大有兴盛之势。

唯识宗所依据的经典很多，窥基曾归纳为"六经十一论"。实际上，作为中国佛教的一个宗派，其思想主要依据《成唯识论》。这是把瑜伽行派唯识学说予以精炼的著作。

唯识宗以细密分析精神活动的过程、特征和趋向为特点，主要阐述"唯识无境"的理论，即否定认识对象（境）的客观实在性，把精神主体（识）作为产生宇宙万有的总根源。在所有中国佛教诸宗派中，法相宗是经院气息最浓厚的派别之一。

法相宗把识分为八种，即眼识、耳识、鼻识、舌识、身识、意识、末那识、阿赖耶识，并对各种识的功能、性质等进行琐细论述，有一套特殊的概念系统。在这八识中，阿赖耶识最重要，是精神主宰、宇宙本体、生死轮回的负担者。阿赖耶识中储藏着生起宇宙万有的"种子"（潜在能力），其他七识均为它的变显物。人们按照佛教的要求从事修行，可以把能够导致生死轮回的种子熏习成脱离生死轮回的种子，把杂染的阿赖耶识转变成纯净的阿赖耶识，此即转识成智或从凡入圣的过程。

法相宗所讲的阿赖耶识，本质上与自性清净心不同。它是与生俱来的，并且是染净并存的，由此引起个人在成佛可能性上的差别。法相宗认为，众生在成佛的可能性上有五种区别，即"五种姓"：声闻、独觉、菩萨三乘、无姓、不定。其中无姓有情由其本性（阿赖耶识中的种子）所决定，完全没有佛性，不能成佛，只能永远处于生死轮回之中。这与当时流行的《法华》、《涅槃》、《华严》等经宣扬的思想不同，也与佛学界普遍接受的一切众生皆能成佛的观念相违，曾受到一些僧人的批评。

 7 华严诸祖与华严教理

华严宗以奉《华严经》为主要经典得名。由于后来公认法藏是本宗实际创立人，取其赐号名宗，称"贤首宗"。又因此派的核心理论是"法界缘起"，以教义名宗，谓"法界宗"。此派公认的师承法统是初祖法顺、二祖智俨、三祖法藏、四祖澄观、五祖宗密。

从东汉末年开始，不断有华严类单行本经译出，但研究并不普及。东晋60卷本《华严经》译出后，相继出现了一些华严学僧。从南北朝后期开始，地论学派中的不少人促动了对《华严经》研究的兴盛，并为日后华严宗的形成开辟了理论通道。到了隋代，以长安南郊至相寺为中心，聚集了或研究《华严经》义理，或依此经修行的数十名僧人，华严宗即由此产生。

法顺（557～640年）是雍州万年（陕西长安）人，俗姓杜，所以也习称"杜顺"。他平生主要游化于今陕西关中和甘肃庆阳一带，传有驱使虫蚁、治疗天生聋哑等多种神异功能，被称为神僧。据说唐太宗曾慕名召见，赐号"帝心"。法顺劝人诵读《华严经》，并依据此经修普贤菩萨行。他著有《华严法界观》，把止观分为五等，并奉《华严经》为最高经典。后来经智俨、法藏等人对此发挥，形成华严宗的判教理论。

法顺最著名的弟子是智俨（602～668年）。他早年从法顺出家，入至相寺，曾随两位外籍僧人学梵文。他曾游历各地学习多种经论，然后回至相寺随智正学《华严经》，再独立研究地论师慧光的《华严经疏》，逐步形成了自己的思想体系。智俨的著述约20余部，以现存的《搜玄记》、《华严一乘十玄门》、《孔目章》、《华严五十要问答》为主。

通过系统诠释60卷本《华严经》，智俨着重以"十玄门"、"六相"来论证"法界缘起"理论，并指出《华严经》宣扬的华藏世界信仰与净土信仰的区别。智俨基本创建了华严宗独特学说的整体框架，实现了从《华严经》学说到华严宗学说的理论形态转变。《华严经》通过描述幻想的禅定境界和神话故事来宣扬教理，经过智俨的改造，形成以概念分析为特征的华严宗学说体系。智俨的新罗弟子义湘（625～702年），学成后归国传教，被奉为"海东华严初祖"。

智俨学说的集大成者，是其弟子法藏（643～712年）。他是武则天统治时期全国最有名望的学问僧之一。法藏祖籍康居，后迁长安，17岁随智俨学《华严经》，后又从学于智俨弟子道成、薄尘等。他相继参与过地婆诃罗、提云般若、实叉难陀、义净和菩提流支等人的译场，通晓多种经论。通天元年（696年），武则天令京城10名高僧为其授具足戒，赐号法藏"贤首法师"。圣历二年（699年），他奉诏于洛阳佛授记寺讲解《华严经》，以金狮子为喻，为武则天讲华严教义。中宗和睿宗曾请法藏为菩萨戒师。

法藏平生讲《华严经》30遍。在智俨学说的基础上，他系统组织和完善了华严宗教义，使主要从诠释晋译《华严经》而阐发新说的过程基本结束。他运用华严宗特有的命题、范畴和思辨方式解释《密严经》、《般若心经》、《梵纲经》，促动华严学向整个佛学中拓展。法藏的著作传说有百余卷，现存有《探玄记》、《五教章》、《华严旨归》、《华严金狮子章》等24种。

法藏的弟子新罗人审祥，后住日本大安寺，弘扬华严教义，成为日本华严宗初祖。另一弟子慧苑曾撰《续华严经略疏刊定记》，对本宗主要学说之一的"十玄门"另作解释，改变了法藏的一些观点。慧苑的说法后受批判，被斥为异说，在中国佛学上几无影响。

研究《华严经》是隋代和唐前期最时髦的佛学课题之一。在智俨和法藏系统之外，居士李通玄（635～730年）于五台山研究80卷本《华严经》，著成《新华严经论》、《十二缘生解迷显智成悲十明论》、《略释华严经修行次第决疑论》等。他虽然也接受智俨、法藏某些影响，但创新尤多。他对《华严经》经文结构重作划分，倡导新的判教理论，提出"三圣圆融说"，用《周易》解释经文等。他的某些论点虽遭天台宗和华严宗僧人的批判，但总体思想影响深远，并为大多数华严宗学僧所承认，与公认的华严诸祖学说有融合并行之势。

澄观（738～839年）俗姓夏侯，越州山阴（今浙江绍兴）人，11岁出家，后游学南北各地，精通多部佛教经律论，思想博杂，远超前代诸祖。他把南北禅宗及天台宗教义与华严教义相融合，并且接受李通玄的某些观点，使华严宗的学说更丰富。他把华严三圣（毗卢遮那佛、文殊、普贤）的融合同华严教义结合，强化了五台山、峨眉山作为文殊、普贤圣地的地位。他强调一心法界无尽缘起，发展了华严宗的性起理论。他平生讲《华严经》50余遍，传说著述有400余卷，主要有《华严经疏》、《华严经大疏抄》、《贞元新译华严经疏》等。到此为止，中国佛教史上以繁琐注释《华严经》而阐发新思想的过程结束。

澄观的弟子达百余人，以宗密（780～841年）最具影响。宗密主要致力于禅、教的融合，并把佛教内部各宗的协调扩大到儒、释、道三教的融合上。他在华严方面的著作有《华严经行愿品别行疏钞》、《注华严法界观门》、《华严原人论》等。他使"法界缘起"的学说最终完善。

唐武宗灭佛之后，华严宗典籍丧失较多，专弘华严教义的学僧极少。在唐末五代，华严宗的某些概念、范畴、命题，进一步为禅宗所吸收，有的甚至成为某些派别立说的理论依据。

华严宗的核心理论是法界缘起，这是解释人生和宇宙发生的理论。所谓"法界"，具有作为生起一切现象的本原和作为个别现象共同本质的双重意义。它首先指一切众生本有的"如来藏自性清净心"，据说这种清净心忽然起念而引生阿赖耶识，从而生起世界万有，人之成佛或沉沦生死均依此真心而决定。这样的心体并不是孤立自存，而是贯彻在一切事物和现象之中，成为个别现象的共同本质。法界缘起的核心内容，是讲由一"真心"产生的世界存在着千差万别的事物和现象，它们均处于重重无尽、圆融无碍的普遍联系之中。从智俨开始，即用"十玄门"来予以说明。

"十玄门"的构造比较繁杂。首先，它用教义、理事、解行、因果、人法、境位、法智师弟、主伴依正、逆顺体用、随生根欲性这十对范畴（称"十会"）概括全部佛教理论和实践，然后再分十个部分（十门），从不同方面予以论证。①"同时具足相应门"。作为一个整体的佛教虽分为各种法门（具体指"十会"，下同），但其形成在时间上并无先后（同时），并且各自圆满无缺欠（具足），一起作为成佛的根据（相应）。②"因陀罗网境界门"。"因陀罗网"是神话中帝释天宫悬挂的结有无数宝珠的网，网上的宝珠之间交相辉映，相互映现，重重无尽，以此喻佛教各法门之间均处于你中有我、我中有你的浑然一体状态（境界）。③"秘密隐显俱成门"。各种法门由于其本体并无区别，所以它们无论处于隐覆状态还是显露状态，都不改变它们原有的本质。比如月亮有时是半圆（隐），有时是满圆（显），但此处看到的半月与别处看到的满月本无区别（俱成）。④"微细相容安立门"。佛教各种修行法门可以相互容纳。⑤"十世隔法异成门"。"十世"这个极长的时间与"一念顷"这个极短的时间虽有区别，但相即相入，并不相互妨碍（异成）。也就是说，人的一念可以容纳十世，而十世也超不出人的一念之间。⑥"诸藏纯杂具德门"。修行某一法门时，其他法门实际上都属于这一法门，这叫"纯"。修行某一法门时，同时也就获得了修行其他法门的一切功德，这叫"杂"。纯和杂不相妨碍称为"具德"。这是强调佛教不同修行方法的内在统一性。⑦"一多相容不同门"。"一"可以入于"多"，"多"也可以入于"一"。佛教各种修行法门虽各有特点，但任何一种法门都可以包容其他诸种法门。相互包容为"相容"，各有特点为"不同"。⑧"诸法相即自在门"。各种法门作为统一的缘起法，一即包容一切，相即不二。⑨"唯心回转善成门"。全部佛教法门均由如来藏清净真心所建立、所决定，离开"心"就没有包括佛法在内的万事万物，这叫"唯心"。或善或恶，或解脱或沉沦生死，均由心决定，这叫"回转善成"。⑩"托事显法生解门"。不同的法门并不是体现不同的"理"，而是共同的"理"。

智俨首创的这个"十玄门"后被称作"古十玄"，法藏对此稍作变动，形成所谓"新十玄"，但主要内容差别不大。

十玄门主要是就认识佛法讲的，但从广义上讲，可以用于观察、认识一切现象。世间万事万物共同构成了一个无穷无尽的互为条件、互相包容、互不妨碍、没有矛盾、没有冲突的和谐之网，举其一即可代表一切。这种运用概念分析、采取相对主义方法构造的体系，可以运用于一切领域，得出相应的结论。比如，运用这种理论看待社会，则认为一切现实存在都是和谐、自然的，没有不合理之处。这种理论对于争取统治阶级的支持，吸引来自各阶层的民众，无疑有其优势。

除了十玄门之外，华严宗还用十重唯识、缘起十义、六相圆融、四法界等来论证法界缘起。各种学说之间具有明显的相对独立性，它们创用的概念或范畴不尽相同，论证的侧重点也有所不同。不过，它们之间又相互联系，比如，十玄门被认为是论证四法界中的"事事无碍法界"的。这样，各种学说之间相互联系，构成了华严宗教义体系的整体框架。

华严宗自觉创用了诸如理事、体用、总别、同异、成坏、一多等范畴，探究个别与一般、本体与现象等所有宗教神学都涉及的问题。华严宗创用的诸多范畴、采取的思辨方式，对中国哲学史有较大影响，像程颐的"万理归于一理"、朱熹的"太极"等，都受到华严宗的影响。

 8 禅宗的形成和演变

禅宗起源于南北朝，形成于唐初，公认的传承系谱是菩提达摩、慧可、僧璨、道信、弘忍和慧能。

南北朝时期，北方流民大批涌入佛教队伍，成为无寺可居的游僧。他们组建的僧团时聚时散，混迹于民间。他们往往受到义学僧人或律师的歧视、排挤，处于佛教的最底层。菩提达摩及其后继弟子们，正是当时此类禅众的一系代表。

关于菩提达摩的生平事迹，历来异说多端，并且附会着许多动听的神话。据说他是南印度人，大约于刘宋（420～478年）末年经海路来到中国南方，不久又渡江北上，在北魏传授禅法。他的禅法被归纳为"二入四行"，分成"理入"和"行入"两部分。"理入"指通过学习《楞伽经》而理解教理，确认众生都有真如佛性的信仰，并且通过面壁坐禅，令心绪安定，最终达到认识主体与佛经讲的真理直接契合。"行入"指在社会生活中按所认识和实证的"理"去践行，包括受辱能忍、遭苦不怒、无爱无憎、不计得失等等。只有这样的实践，才能与坐禅内证所得的真性之理相应。这样一来，"二入四行"就用禅学统摄了佛教的全部理论和实践。

慧可（487～593 年）早年受过良好的儒学教育，通达老庄易学，40 岁左右随菩提达摩习禅。他曾受律师迫害，游荡于今河南安阳一带。慧可吸收《维摩诘经》"不二法门"的思想，把迷与悟、智与愚、众生身与佛身等同起来，认为人的解脱与否完全系于一念之间。菩提达摩一系理论由此增添了较多人生积极情趣，形成与当时和以前流行的诸多禅法迥然不同的特点。

僧璨与慧可是否有师徒关系还存在疑问。据说他和慧可一样，奉持严格的头陀行，居无定处，衣食随处而乞，一生坎坷，曾长期隐遁山林。值北周灭佛时，他曾山居 10 余年。慧可和僧璨的生活，是当时众多下层禅众生活的缩影。

隋唐之交，为求得衣食流向佛门的人数大增，道信（579～651 年）顺应时代需要，于唐武德年间到蕲州双峰山（湖北黄梅）传禅授徒。30 年间，身边聚集僧众 500 余人。由此开始，禅僧们放弃了游荡不定的头陀行，常住一地，聚居生活，白天劳动，晚上习禅。弘忍（601～674 年）继承道信禅学传统，聚集僧人 700 余人。道信和弘忍师徒的禅法被称为"东山法门"，标志着禅宗基本形成。

禅僧群体垦荒开田，自己解决衣食问题，把劳动引入禅门，使佛教教义根本改观。弘忍认为，行住坐卧都是成佛的行为和活动，人的一切言行思想都可以体现佛的教化，对禅境的体验和证悟可以贯彻到劳动中去。进入佛教队伍的流民，由此找到了生活的家园和精神的乐土。

弘忍弟子众多，被认为能传其法者有 11 人，他们分布全国，各为一方宗师。河南嵩山有法如、慧安，安州（湖北安陆）有玄赜，资州（四川资中）有智洗，荆州当阳（湖北当阳）有神秀，韶州（广东韶关）有慧能，另有被认为是道信弟子的法融，在今南京牛头山。其中一些派别逐渐壮大起来，各立门户，构造传承法系。

禅宗的蓬勃发展，引起从地方到中央各级官吏的关注，特别是唐代帝王采取羁縻、分化政策，使禅宗经历了官禅与非官禅，农禅与非农禅的较量和斗争。这场斗争集中体现在神秀和慧能两大派系之间。

神秀（606～706 年）直到 50 岁时才从学于弘忍，后到当阳山玉泉寺传禅授徒。各地僧人纷至沓来，络绎不绝，玉泉寺成了一个庞大的禅宗基地，由此引起唐王朝的重视。久视元年（700 年），武则天遣使迎请，神秀于第二年到洛阳，住入内道场。中宗即位后，对神秀依然礼敬。神秀曾作《观心论》阐述其禅法。他认为，能生起万法，产生整个世界的"心"有着染净两个方面：一是净心，一是染心。人依净心而得解脱，人依染心而沉沦三界。通过修习禅定，可以达到除染还净，息妄显真，了悟本觉真心的目的。他把坐禅观（想）心作为解脱的手段，否定修寺建塔、铸像写经、烧香拜佛等活动是求佛道的有效方式。神秀比较重视研究佛教经典，改变了道信、弘忍以来"莫读经"的训诫。神秀的弟子们后来活跃于京洛地区，与唐王朝保持着密切关系。

慧能（638～713 年）是禅宗史上非常重要的人物，其学说影响了中唐以后禅学发展的趋向。慧能俗姓卢，祖籍范阳（今河北涿州），因其父贬官岭南而成为新州（广东新兴）百姓。大约咸亨年间（670～674年），慧能到黄梅从学于弘忍，后遵其所嘱，回到岭南，混迹于猎人中，隐姓埋名 10 余年。大约垂拱（685～688 年）中，他正式出家，常住韶州曹溪宝林寺，传禅授徒。韶州刺史韦璩曾请他到州城大梵寺说法，他的弟子法海以这次讲演为基础，加上慧能一生事迹，编撰成《坛经》。这是唯一被公开称为"经"的中国僧人著作。

《坛经》虽属记录慧能言行的著作，但已经过历代不同程度的增删修改，所以，与其把它看作慧能一人的思想，不如视为反映慧能一系的思想更接近事实。《坛经》大量吸收传统佛教的名词概念，重新组合，灵活解释，既有继承也有创新。从它的理论基础而言，是融合了般若学和涅槃佛性学，主要内容有三点。

第一，确立自我，开发自我，实现自我，是禅宗的解脱成佛之路。《坛经》认为，法身、真如、般若之智等都是人心所固有的，从而提出"识心见性，自成佛道"（敦煌本《坛经》）的响亮口号。它把解决个人解脱和社会一切问题归结为自我心理调节，把成佛等同于自我本心和本性的显现，从而强调人的价值，倡导自证自悟。

第二，批判权威，贬抑经典，否定净土，是禅宗叛逆性格的集中体现。它认为，佛教的一切经典都是不具备任何真理性的方便施设，最多只是借以发挥自己观点的手段，绝对不能被经典牵着鼻子走。同时，它也批判净土信仰，提出东方人造罪念佛求生西方，西方人念佛求生何国的质问。实际上，按《坛经》讲的理论去实践，则处处是净土。

第三，提出以宗体本为主要内容的禅法总纲。《坛经》提出的"无念为宗"，"无相为体"，"无住为本"，是让人们从主观上超越一切差别对立，保持对一切事物或现象都既无追求又不厌弃的心理状态。也就是说，身处世俗生活而不受其污染，认识外界而不执著一切事物，随缘任运，此即为自我本心或本性的显现，也即为成佛的表现。

在慧能生前，此派影响限于岭南一隅，到慧能弟子神会时，此派异军突起，成了禅宗中影响最大的一派，并逐渐成为禅宗正统。神会（668～760年）是湖北襄阳人，早年随神秀习禅，后至曹溪从学于慧能。开元八年（720年）神会北上住南阳龙兴寺，针对当时神秀一系盛行京城的情况，大力宣扬慧能禅法。开元二十年左右，神会在滑台大云寺设无遮大会（僧俗均可参加的法会），公开指责神秀普寂师徒一系。他曾系统列举了慧能和神秀两系在禅法思想、传承关系、政治态度等方面的差别，主张慧能系为禅宗正宗。经过几十年斗争，并借助政治势力的支持，神会一系得到唐王朝的承认，贞元十二年（796年），唐德宗命皇太子集诸禅师，立神会为禅宗第七代祖师。此后，神秀和神会系都流行于北方。直到唐末，与政治势力保持密切关系的这两系均衰落。

从中唐开始，慧能弟子中的怀让（677～744年）和行思（？～740年）两系逐渐壮大起来，到唐末五代，禅宗派系均出自这两个系统，主要代表是后来得名的所谓"五宗"，即灵祐（771～853年）、慧寂（814～890年）师徒的沩仰宗，义玄（？～867年）的临济宗，良价（807～869年）、本寂（841～901年）师徒的曹洞宗，文偃（？～949年）的云门宗，文益（885～958年）的法眼宗。

中唐时期，禅宗的聚集点持续增多，禅僧们往往到处游动。因此，禅的体验已不限于一个人，师徒或师友之间的相互讨论、交流、启迪和勘验，成为参禅的主要内容。在这种情况下，一位禅师是否擅长机辩、善于辞令，他的启悟手段是否为别人接受和承认，成为决定禅师地位、声望的重要因素。禅宗的所谓机锋棒喝即由此兴起，关于教禅和学禅方法的研究也应运而生。大体说来，五宗在禅学基本理论方面祖述慧能，没有大的区别，但各自有一套施机锋行棒喝的原则，有一套教学理论，被称为门风或宗风。

沩仰宗惯于用打手势，做动作，或画图案来表达见解。师徒或师友见面时，先画一个圆圈，然后在圈中写一个字，称圆中有方，以不同的图案表达不同的含义。此派的特点被归纳为"方圆默契"，即画圆中有方的图案，彼此并不说话（默），都因理解图形而心领神会（契）。把圆相视为神秘符号，认为它们能表达语言所不能表达的神秘体验，显然受了《周易大传》中

"言不尽意"、"立象以尽意"思路的影响。

临济宗以棒喝激烈著称，目的是要以迅雷不及掩耳之势剿绝情识，使学者幡然猛省，停息一切向外或向内追求的念头。此宗还从教、学两方面提出要求，创用了诸如"三玄三要"、"四料简"、"四照用"之类的教学方针。"三玄三要"要求讲者说话务必含蓄，尽量使话语玄妙，同时要求听者不执著于话语的字面意思，而要领略言外之旨。这反映了禅宗追求运用语言艺术的倾向。四料简和四照用的着眼点不同，中心不外乎是讲根据具体对象灵活施教，有针对性地消除参学者的各种错误观念。

曹洞宗有"五位"之说，即采用正位、偏位、偏中正、正中来、兼带等五位相互配合，说明理事、空有、染净的关系，使参禅者不要执著于任何一方，以达到无心解脱。

云门宗禅师喜欢使用答非所问的话回答问者，使问话者无法从字面上理解其含义，更不能顺着原来的思路考虑问题，从而达到扫除"情解"的目的。创立最晚的法眼宗没有什么特别的教学手段，主要强调要因人施教，所谓"对病施药，相身裁缝，随其器量，扫除情解"。

在中唐以来禅僧的参禅酬对语中，不乏惊世骇俗的呵佛骂祖、毁经非教的言论，把禅宗自证自悟的教义推到极限。同时，其中也有大量深蕴睿智的箴言警句。这些参禅言行被记录下来，形成禅宗的新经典——《语录》，后来又出现《灯录》。

9　开元三大士与密宗

密宗也称真言宗，形成于唐玄宗统治时期。

从三国时代开始，某些掺杂着咒语、咒术的佛教经典不断翻译出来。有些外来僧人也以精通神咒著称，并以此作为吸引信徒、扩大传教范围的手段。各种咒术应用很广泛，诸如息灾求祥、安宅治病、遣神役鬼等，几乎无所不能。这些习称为"杂密"。有体系的密教经典传入，并在中国形成宗派，是从开元年间来华的善无畏、金刚智和不空开始的，此三人被称为"开元三大士"。

善无畏（637～735年）是中印度乌荼（今奥里萨）人，放弃王位出家，曾在那烂陀寺从达摩掬多学习密教教义，后遵师命到中国传教。开元四年（716年），善无畏到达长安，受玄宗礼敬，先居兴福寺，再住西明寺，后迁菩提院。他在一行的帮助下，译出《大毗卢遮那成佛神变加持经》（《大日经》）、《苏悉地羯罗经》、《苏婆呼童子经》。其中，《大日经》属密教胎藏部的根本经典，是密教埋论的主要体现者。后两部经着重宣传咒术和操作方式。

金刚智（669～741年）是南印度人，10岁在那烂陀寺出家，学声明（研究音韵、语文的学问），14岁到西印度，随法称习因明（逻辑学）4年。亦曾学习中观和瑜伽行诸派的经典，后专业密教。开元七年（719年），他经师子国（斯里兰卡）抵广州，第二年到洛阳，再辗转达长安。金刚智受唐玄宗接待，先住慈恩寺，再迁大荐福寺。他经常随玄宗往来于两京，建曼陀罗场，立坛灌顶，奉诏行密法求福，广弘密教。他与一行、不空等合作，先后译出《金刚顶瑜伽中略出念诵法》（《金刚顶经》）、《七俱胝佛母准提大明陀罗尼经》等多部密教经典。其中《金刚顶经》属密教金刚顶部的主要经典，对密宗形成影响较大。

不空（704～774年）是师子国人，后在阇婆国（爪哇）遇金刚智，从学密教，并随其来华，参与译经活动。开元二十九年（741年），不空立志归国求取密教经典来华弘扬，经广州由海路去师子国，又在印度着重搜集密教经典。天宝五年（746年），不空携带秘密经典的梵本1200卷回到长安。

在开元三大士中，不空的活动范围最广，影响最大。他先后得到玄宗、肃宗、代宗的特别敬重。永泰元年（765年），授不空特进试鸿胪卿，号"大广智三藏"。大历九年（774年），不空卒，代宗为之辍朝三日，追赠司空。在善无畏、金刚智传来系统密教经典即所谓"纯密"的基础上，不空开创了密教在中国佛教史上的第一个兴盛期。他使密教在两京、广州、武威、太原、五台山等地流传，不仅行于宫廷，也行于民间。不空的弟子很多，其中五台山金阁寺的含光、长安青龙寺的惠果、新罗的慧超、崇福寺的慧朗、保寿寺的元皎和觉超，被称为六哲。不空在各地译出经典100余部，主要属于密教系统。

除了"开元三大士"外，对密宗建立及传播作用较大的还有两人，一是一行，一是惠果。

一行（673～727年）俗姓张，巨鹿（今属河北）人。他出家之后，曾从嵩山普寂学禅，在天台国清寺学算术，在湖北当阳从悟真学律。一行精通佛教及儒家经典、天文历算、阴阳五行等。善无畏到长安，一行从学胎藏法，助译《大日经》，并撰《大日经疏》，是阐释密宗理论的权威著作。及金刚智来华，他又从学陀罗尼密印，继续协助译经，在天文、数学、大地测量等方面，一行都做出贡献，在中国科技史上占有重要地位。

惠果（752～805年）俗姓马，京兆万年（西安）人。他先从不空弟子昙贞及不空本人学金刚界密法，又从善无畏弟子玄超学胎藏界密法，由此兼具善无畏和不空两家之学。惠果将密教的两个系统融成一体，提出"金胎不二"之说。这是密教传来我国演变为密宗后的发展趋势。

惠果常应诏入内殿，修祈祷，受代、德、顺三帝优礼。从其受法的外国僧人不少，有爪哇僧人辩弘，新罗僧人惠日、悟真，日本僧人空海。空海回国后，成为日本真言宗初祖。惠果弟子义操一支传承稍久。到晚唐时，密宗遭受多方打击，作为独立的宗派完全衰败，但它所倡咒术密法之类，则一直流行。

密宗以注重法事仪规、宗教修持、信仰一套鬼神系统等为特点，作为指导实践活动的宗教哲学理论，很少有独特创新，基本是融合《华严经》、中观派和瑜伽行派的学说。

密宗认为，世界万物、佛和众生，都由大日如来所普现的"六大"（指地水火风空识等六种物质和精神要素）生成，大日如来的理德为"胎藏界"，与前五大"色法"（相当于物质要素）相应；大日如来的智德为"金刚界"，与第六大"心法"（相当于精神要素）相应。如果按照一套特有的规定修习所谓"三密"，使自己在身、语、意三个方面清净，即可达到即身成佛的目的。所谓"三密"修持是密宗的主要个人宗教实践活动："身密"，以做出各种手势为主，象征佛的姿态，这叫手结印契；"语密"，念咒语，这叫口诵真言；"意密"，心中默想佛的形象，这叫心观佛尊。

修习"三密"有一整套特定仪规，否则达不到成佛目的。首先，建立曼荼罗最重要，被称为"万行之宗，密证之先"。"曼荼罗"意译"坛"或"坛场"，即按一定要求制作的土坛，其上布置各种图画，并依特定方位，置以瓶、灯、花、香等饰物，以象征诸佛菩萨无不聚集于此。修习者要定期祭祀供养，遵照一定的规则，结印契、念咒语、坐禅默想，以期达到所预想的宗教目的。密宗经常供奉的曼荼罗是在绢帛或纸、墙壁上绘制而成，但同样被认为具有无限神秘的功能。

密宗所使用的密咒法术种类较多，其操作过程也十分复杂，特别需要师徒传授。某些密咒法术广泛运用于息灾治病、驱鬼役神等许多方面，逐渐与道教和民间巫术相混合，在社会各阶层中流传。密教经典在宋元等朝代都曾一度受重视。一些具有不语怪力乱神传统的士大夫，对密咒法术之类表示反对。

七 义学衰落与禅门独盛

 宋代佛教政策

北宋王朝建立后，进一步加强中央集权制。针对中唐以来藩镇割据造成的国家分裂，宋王朝侧重打击地方势力，采取一系列措施把军政财权集中于中央，特别是集权于封建君主。强化君主专制在意识形态领域引起回应，国家至上和君权至上的观念深入人心，忠君报国成为那个时代的最强音。较之传统儒学，宋代理学更突出地宣扬忠孝节义。在两宋（960～1279年）历史上，"外患"一直存在，始有辽夏骚扰，继有金元进攻。宋王朝始终不能有效抵御强敌入侵，致使割地赔款事件不断发生，国家版图日缩。中央专制的加强与民族危机同步，国民的忧患意识和意志消沉并行发展，成为宋代社会的突出特点。宋代佛教出现的新走向，与此有直接关系。

宋太祖（960～975年）即位之初，鉴于周世宗灭佛造成的社会动乱，下令停止废佛。他多方支持佛教，以此作为稳定北方局势和获得南方吴越等奉佛国家拥戴的重要措施。两宋绝大多数帝王对佛教的态度，可以用南宋高宗的话概括，即"但不使其大盛"（《宋会要辑稿·道释一》）。他认为，毁佛和佞佛的做法均不妥当，应该对佛教采取既扶植又限制的两手策略，把佛教的发展控制在一定限度之内。相对说来，北宋仁宗和徽宗对佛教控制较严格。

出于复兴佛教的需要，宋初三帝对佛教疏于控制，使僧尼人数直线上升。宋太宗太平兴国元年（976年），一次普度童行17万人。到天禧五年（1021年），已有僧397615人、尼61240人、寺院近4万所。仁宗（1023～1063年）时期，朝野上下掀起排佛浪潮。在执掌权柄的重臣或有影响的官僚中，主张抑佛者颇多，如范仲淹、富弼、文彦博、韩琦、欧阳修等。于是，仁宗大量裁减僧尼，使僧尼人数逐渐下降到20万左右。直到南宋时期，僧尼人数没有大的变动。

宋徽宗（1101～1125年）崇奉道教，认为佛教虽然不能废止，但要予以变革。他晚年令佛寺、佛菩萨、僧尼等名称均改用道教称号，力图使佛教道教化。这些措施虽然实行的时间不长，但对佛教的影响相当深远。它促使许多禅宗僧人把修禅与道教的胎息、养生健身联系起来，将修禅的目的归结为长寿永年，羽化升天。脱离佛教基本教义而力图与道教保持一致，在北宋末年的佛教界曾成为颇有影响的潮流。

五代以后，中国历史上没有再出现类似"三武一宗"灭佛的事件。当国家与佛教之间出现经济方面的冲突时，宋王朝没有采用武力镇压的方式解决矛盾，而是注重用经济手段予以调控。从北宋中期开始，宋王朝接连实行一些旨在搜刮佛教僧人的措施，一方面限制了寺院经济的恶性膨胀，一方面弥补了国家日趋严重的财政亏空。这些措施主要有四个方面的内容。

第一，出卖度牒。

度牒是证明僧尼合法身份的文字凭证，由国家颁发。宋代的度牒由祠部发放，度僧发牒分为三类。其一是试经度僧，即官方给应试经典合格者发度牒，承认其僧尼身份。北宋时所考核的经典是《法华经》，南宋时改为《大般若经》。其二是特恩度牒，即遇到天子诞辰、帝后忌辰之类的大典时，不经考试而发放度牒，允许某些人出家。其三是进纳度僧，即交钱买度牒。发牒收费始于唐代，当时只是个别现象。宋太宗时，度僧发牒仅象征性收费，但已出现地方官吏从中牟利。太平兴国二年（977 年），工部郎中侯陟就建议发牒不要收费。北宋神宗以后，发放度牒已不是依据度僧需要，而是根据国家财政收支情况而定。各地方遇到修城池、筑河岸，乃至需要籴本、筹措军费时，没有资金就奏请祠部发放空额度牒。崇宁五年（1106 年）二月二十七日，诏川陕和买，以交子和度牒充折买价。这种有价证券的买卖为豪强操纵，民间颇以为患。南宋时情况更为严重，地方官吏为了敛财，强行推销度牒，以致湖南地区因此出现钱荒。南宋孝宗为了控制僧尼人数，一度采用抬高度牒价格的办法限制一般民众出家。淳熙十四年（1187 年），每道度牒价格高达七百贯。这种措施不但没有起到限制僧尼的实际作用，反而促使民间买卖度牒之风盛行。

第二，出卖紫衣师号。

赐紫衣师号原是对有功于朝廷或有社会名望的僧人的奖励，是一种荣誉，并不收费。从北宋中叶开始，紫衣和师号均按等级计价收费。僧人无论道德才学如何，都可以用钱买到这种荣誉。建炎二年（1128年）十一月，朝廷明令出卖的四字师号，标价二百千。僧人如果获得紫衣师号，就有望顺利跻身于宗教界的上层，并进而很容易得到更多的社会捐助。因此，不少僧人想方设法用寺院的钱为自己购买紫衣师号，使丛林中出现了"师徒相残"（《枯崖漫录》卷下）的局面。到南宋理宗时，岳河（1183~1234年）甚至建议，僧人没有获赐紫衣和受封师号，就不能任寺院住持，以此鼓励僧人购买紫衣师号。当时许多僧人疾呼佛教界贿赂之风盛行，已经十分腐败。实际上，丛林风气与社会风气是相通的。

第三，征收寺院田产税。

北宋王安石变法，取消了寺院的免役免税特权。从熙宁四年（1071年）开始，规定寺观按照户等交纳相当于免役钱半数的"助役钱"。在实际征收过程中，地方官吏强令许多没有什么收入的小寺院也要交纳。

第四，征收僧人免丁钱。

绍兴十五年（1145年），高宗下诏征收僧人免丁钱，也叫"清闲钱"，只有残疾僧人和60岁以上者可以免交。在实际征收过程中，地方官吏往往不按某个寺院的实际僧数征收，而是按其历年最高僧额强行摊派。

宋王朝加强对寺院经济的掠夺，与冗兵冗吏的不断增加、财政支绌的日益严重有着直接关系。随着经济关系进一步渗透到佛教僧团，钱财成了衡量僧人身份、地位的重要标准。以清贫为耻、以厚蓄为荣的观念，逐步为宋代绝大多数僧人所接受。

 译经与刻藏经

宋代以前，外来佛教的输入始终是影响汉地佛教的重要因素。北宋前期诸帝积极模仿前代帝王的某些奉佛活动，支持西行求法，优待外籍僧人，鼓励译经事业。

北宋前期，西去取经和东来传教的僧人依然不少，并且受到官方的重视。乾德二年（964 年），继业和沙门 300 人一道去天竺，回国后奉献佛舍利和经典。乾德三年，沧州僧人道圆游五天竺往返 18 年，偕于阗使者到京城，受到宋太祖召见。乾德四年，宋廷派遣行勒等 157 人游历西域，这是我国历史上最庞大的官派求法使团。宋真宗时，到京城的外籍僧人持续增多。到宋仁宗景祐二年（1035 年），仅由五天竺到京城贡奉梵经者约 80 余人，西去取经返回者约 138 人。西行路上熙熙攘攘的取经送经人流，首先刺激了北宋的译经事业。

太平兴国七年（982 年），宋太宗建译经院，诏印僧法天、天息灾、施护和懂梵文的汉僧从事译经，并有朝廷官吏参加。此时正值印度密教的兴盛期，所译经典多属密教。截至政和初年（1111年），北宋共有译家15人，译出典籍284部758卷。

密教典籍中的许多内容既与人们已熟悉的大乘佛教不同，也与儒家的伦理相违背，所以北宋译事一开始就受到限制。淳化五年（994年），译成《大乘秘藏经》，被审察出"文义乖戾"65处，宋太宗令当众焚毁此经。天禧元年（1017年），译出《频那夜迦经》，宋真宗因其宣扬"荤血之祀"、"厌诅之词"，命不得入藏经流通。宋仁宗时，不仅士大夫要求废止译经，参加译经的僧人惟净也提出罢译之议。当时宋仁宗仅以译经是三圣旧模、先朝圣典为由而没有同意。但无论是文士还是学问僧，对译经的兴趣都大大削弱了。到熙宁四年（1071年），译经院被正式废除。总的说来，北宋所译经典或文段错落，或艰涩难懂，质量低劣。北宋译经的种类的确不少，但新译经典几乎在佛教界没有产生任何影响。外来佛教促动汉地佛教发展的历史过程，至宋代基本结束。

宋代在佛教文化事业方面的成就，不是佛经翻译，而是前所未有的刻印《大藏经》。在印刷术发明之后，唐代已有少量佛经刻印，但刻印佛典的总集《大藏经》，是从北宋开始的。开宝四年（971年），敕令张从信等到益州（四川成都）开雕汉文木版印刷《大藏经》，主要依据《开元录》"入藏录"编印，又陆续收入汉地撰著和《贞元录》所录诸经，总计653帙6620余卷。这是我国的第一部藏经，在印刷史上也是伟大创举。由此引发的刻印藏经之风，波及民间。从北宋到南宋，接连出现了数种大藏经。元丰初到崇宁二年（1078～1103年），福州东禅等觉院住持冲真发起刻印《崇宁万寿大藏》。福州人蔡俊臣组织刻印开元寺版大藏经，历时40年（1112～1151年）。湖州思溪（浙江吴兴）圆觉禅院发起刻印思溪版大藏经。南宋绍定初年（1229年），以官僚赵安国独资刻印《大般若经》为始，经南宋到元代的续刻，完成平江（江苏苏州）碛砂延圣禅院版大藏经，共有591函6362卷。刻印大藏经也影响到辽夏，出现了契丹版《大藏经》和西夏文《大藏经》。印刻藏经，其文化意义远远超过了单纯的信仰。

 诸宗兴衰一览

从唐末五代开始，佛教诸宗派呈现出不均衡发展的态势。到了宋代，有的宗派已湮没无闻，有的趋于衰落，就宋代佛学而言，佛教经院义学，如三论宗、唯识宗、华严宗等派的学说，没有一种能够再现往日的辉煌，也谈不上什么独立创新。各派学说在进一步相互融合的过程中，又统统处于禅风笼罩之下。从宋代开始，禅学思潮在中国佛学中占主导地位。禅学的发展趋向，是在继续突出个性的同时，又力图兼融佛教的一切法门。从这个意义上讲，禅宗可以被看作是中国佛教的代名词。

作为佛教的宗派，三论宗、三阶教、密宗、唯识宗等入宋已没有师徒传承系列，不过，其中一些派别的经典还有学问僧研究。在佛教的诸种宗教信仰中，净土信仰更为流行，并为不同派别的僧人所接受。宋代弘扬净土信仰的代表人物是省常（959～1020 年），他曾仿效庐山莲社故事，在杭州西湖结"净行社"，吸引僧俗千余人参加，有较大影响。以研究律学著称的僧人有允堪（1005～1061 年）和元照（1048～1116 年）。允堪注解道宣的著述达 7 部之多，以注解《行事钞》的《全正记》尤为重要。他的再传弟子元照吸收天台宗的思想讲律，以注解《行事钞》的《资持记》闻名。

天台宗在宋代曾有一段活跃期。五代末到北宋初，义寂（919～987 年）受业于清竦，常住天台山螺溪传教院，讲授"天台三大部"达 12 次之多。他得到吴越王钱俶的帮助，从朝鲜、日本获得不少国内散失的天台宗典籍，激发起僧人们研究和弘扬天台教义的兴趣。义寂的再传弟子四明知礼（960～1028 年）是北宋天台宗最有影响的人物。宋真宗时，知礼与同门遵式先后应诏赴京，修法华忏法，为国祈福，与最高统治者建立了密切联系，扩大了天台宗的社会影响。天台宗僧人以止观为号召，强调观心法门，引起京城及地方官僚士大夫的关注。知礼著述颇多，其中根据《金光明经玄义》广本著成的《扶宗记》，主张通过观想"妄心"而领悟中道实相，要求人们认识一切众生皆有"性恶"，以便时时刻刻防恶扬善，注意强化个人道德。此书在天台宗内部引起广泛持久的争论。以后知礼一系被认为是天台正宗，称"天台宗山家派"。

宋代华严宗也保持着一定规模。宋代华严学僧以研究法藏、宗密的著作为主，兼及法顺、李通玄和澄观等人的著作。研究华严宗的学僧们有几种不同的目的，或致力于恢复华严学说的原义，或力图以华严思想充实禅学，或努力使华严理论禅学化，还有的僧人则是借《华严经》弘扬净土信仰。研究华严典籍的学问僧分布于南北各地，以江浙地区为主要活动中心。

宋初子璇先从天台僧人法敏习华严教义，又从临济僧人慧觉习禅，后以弘扬华严教义为主。子璇曾宣讲《普贤行愿品疏抄》、《华严法界观门》，并以华严学说解释《首楞严经》、《大乘起信论》等。他的弟子净源著有《金师子章云间类解》、《妄尽还源观疏钞补解》、《原人论发微》等。高丽王子义天来华，曾师事净源，并带来国内散失的华严注疏，回国后又送来三种《华严经》译本。随着华严典籍不断丰富，慧因寺破例从禅寺改为教院，成为宋代专门弘扬华严宗的一个重要基地。这一系的学问僧以弘扬唐代宗密的学说为主。

唐代法藏的《一乘教义分齐章》在宋代尤受重视。道亭作《义苑疏》，观复作《折（析）薪记》，师会作《焚薪》、《复古记》，希迪作《集成记》，从不同角度研究此书。以上四人后来被称为"宋代华严四大家"。他们围绕《一乘教义分齐章》中的某些范畴、命题展开争论，有时也引用智俨、澄观等人的著作来论证，但所引发出的新见解不多。另外，师会的弟子子猷、戒环等人也研究李通玄的著作。另有义和著《华严念佛无尽灯》，是通过《华严经》而宣扬念佛法门。

宋代融合华严学与禅学的僧人很多。元祐三年（1088年），本嵩应张商英之请，为禅教两宗僧人讲《法界观》，又撰《通玄记》、《华严七字经题法界观门三十颂》。宋代许多禅宗僧人研究《华严经》或华严宗典籍，其中惟白所撰《佛国禅师文殊指南图赞》就比较有名。他们的研究目的可以用"纪纲经观节要，显出禅门眼目"这句话来概括，即研究华严教义是为弘扬禅学服务。在宋代文人接受华严教义方面，禅宗僧人起了重要作用。

宋代最兴盛的禅宗，内部分派格局也有变化。在晚唐五代形成的五宗中，沩仰宗入宋已不传，法眼宗流行了几十年后衰落。北宋时期，推动禅学发展的是临济和云门两宗。宋初临济宗的代表人物是汾阳善昭（947～1024年）。他倡代别、创颂古，开宋代禅门新风。他的再传弟子中有慧南和方会，分别建立黄龙派和杨歧派，习惯上把这两派与以前的五宗合称为"五家七宗"。到南宋初年，黄龙派衰落，杨歧派又恢复了临济宗旧称。杨歧派下的克勤作《碧岩集》，把宋代禅宗的公案诠释之学推向顶峰。

云门宗中知名度最高的僧人是契嵩（1011～1072年）。他作《传法正宗记》等书，考证禅宗诸祖的传承关系，依据《宝林传》等确定了禅宗"西天二十八祖"的法统，并成为禅门定论。实际上，这种传法系谱只有宗教意义，没有历史意义。他针对仁宗时期朝野上下的排佛声浪，著《辅教编》，倡三教融合的新说，在佛教界和士大夫中都产生了深远影响。他在重视儒家孝道的基础上，公开承认儒家纲常的正统支配地位，从而确定了佛教戒律与儒家纲常名教的崭新关系。

南宋时期，云门宗衰落，由曹洞宗和临济宗共同推动禅学发展。宏智正觉倡导默照禅，一度使曹洞宗兴盛。临济宗僧人宗杲则倡导看话禅，成为此后最重要的禅法体系。南宋时江南禅寺极盛，朝廷在以江浙为主的大寺院设立"五山十刹"之制。当时的江浙禅寺动辄有一两千名僧人。南宋禅宗也更广泛地向周边国家，特别是日本传播。

宋代士大夫对佛教义学普遍不感兴趣，所谓"士夫聪明超轶者，皆厌闻名相之谈"（《佛祖统纪》卷四十五）。士大夫加强与禅宗联系，集中表现在两个方面：一是通过禅宗吸收佛教的哲学世界观，修心养性方式、语录的通俗表达方法等，为新儒学提供丰富的思想资料；二是把禅学作为平衡心理的手段，把丛林作为避世、逃世的退路。禅宗在宋代保持旺盛的生机，与士大夫阶层的多方面支持直接有关。

宋代禅宗能够广泛适应士大夫的需要，也与它不断改变自身的面貌和精神有联系。自五代十国开始，南宗禅众由山林陋居逐渐向城镇都邑大中寺院分流，佛教共同体的传统受到破坏，地主式庄院经济日益成长，禅宗内部两极分化。部分禅师取代过去法师的社会政治地位，迅速贵族化，并且成为可以影响佛教走向的力量。北宋禅僧慧洪在《冷斋夜话》中说，他曾遇到佛印了元禅师出山，重荷者百余夫，拥舆者十许夫，队伍浩大，场面壮观，所经之处，引得巷陌来观，喧吠鸡犬。禅师的新富巨贵有强烈的诱惑力，于是禅僧纷纷结交官僚士大夫，以争取他们的信仰，积累财富。流弊所及，禅僧奔走权贵、奉迎官僚，成为普遍现象。在禅学向士大夫倾斜的过程中，刚毅的士风也日益浸透丛林，从而出现了众多倡导抵御外敌、忠君爱国的有持操禅师。宋代禅宗的新创造，无论是大量新典籍的涌现，或是公案之学的勃兴，或是各种禅学体系的形成，基本都以适合士大夫的需要为目的。

 4 编集语录、灯录

宋代是禅宗编集语录的鼎盛阶段。语录记载禅师个人及其与师友、弟子的言论，大同于《论语》之记孔子语的体裁。编集语录者多属禅师后学。禅宗语录创始于初唐，到中晚唐不断增多，到宋代就泛滥成灾了。不但名震一方的禅师有语录行世，无所影响的禅僧也有语录流传。士大夫欣赏禅宗语录，纷纷为之作序，犹如唐代文人乐于为高僧撰塔铭一样。黄庭坚、杨杰、张商英等人写的语录序，尤为禅僧们所推崇。

随着语录数量增多，形式也发生了一些变化。一些著名禅师的语录集不但记载参禅问答，还加入他的各类著作、书信、塔铭等，成了有关禅师全部资料的汇编。这些书有的仍名《语录》，有的则易名为《广录》、《全录》等。

除了单个禅师的语录之外，还有灯录，属于众多禅师语录的摘要汇编。中唐有《宝林传》、《续宝林传》，五代有《祖堂集》，至北宋初，出现了第一部官修禅书——《景德传灯录》。景德元年（1004年），法眼宗僧人道原编成《传灯录》呈送朝廷，宋真宗命翰林学士杨亿（974～1020年）等修订。历时一年有余，完成修订工作，杨亿删去僧史传的大部史实，使《灯录》成为禅师的语录集锦，偏于记言，疏于记事，从而使禅书失去了历史感；压缩了禅僧的神异灵迹，保留机语禅理为主要内容，淡化了禅书的信仰和宗教性；将禅宗派系整理得有条不紊，实际上模糊了历史真实。杨亿所确定的修订原则，成为此后灯录仿效的样板。《灯录》作为禅僧和士大夫参禅的必读书，其功能颇似《世说新语》之于南北朝的谈玄者。

《景德传录灯》问世以后，在佛教界及社会上广泛流传，推动禅学向纵深发展，效颦之作也不断出现。两宋时的重要灯录还有临济宗李遵勖的《天圣广灯录》、临济宗悟明的《联灯会要》、云门宗正受的《嘉泰普灯录》、云门宗惟白的《建中靖国续灯录》。它们与《景德传灯录》合称为"五灯"。五灯内容多有重复，不便阅览，普济便删繁就简，将五灯合一，编成《五灯会元》。《五灯会元》将中唐以后的禅宗派系整理为青原行思和南岳怀让两大系统，分为五家七宗，使师资传承的眉目清晰；进一步删掉最必要的史实，特别俯就现实需要，背离事实更为严重；精简了繁缛的禅语和复杂的义理，更注重文字加工润色，显得言简意赅。由于《五灯会元》便于查阅也便于传诵，故逐渐取代五灯而流行于社会。

宋代语录和灯录大量出现，逐渐取代了佛教传统经典的地位，成为教禅和习禅的主要资料。禅宗的新经典逐渐增多，而佛教界所重视的佛教译籍的数量却不断减少。

 5 公案诠释之学

在语录或灯录记载的禅师言行中，某些特别著名的还被单独提出来，作为禅僧们教禅学禅的材料，作为鉴别是非、衡量迷悟的准则，被称为"公案"。对公案的重视，始于唐而盛于宋。宋代禅僧对公案的不同态度及其研究方法，形成了各种禅学形式。其中，代别、颂古、拈古和评唱，是最主要的四种诠释公案形式。

公案"代别"由临济僧人汾阳善昭倡导。善昭（947～1024 年）俗姓俞，太原人，14 岁出家后，在南北各地游学 30 年，由此声誉四播，曾得到杨亿的称赞。淳化四年（993 年），他被道俗千余人迎至汾州（山西省吉县）太平寺太子院，此后足不出户 30 年，专事弘禅宣教，特别以倡"代别"、创颂古著称于禅宗史。

所谓"代别"，是代语和别语的合称，原有两个意思。其一指师徒参禅问答时，禅师问一句，听者或答不上来，或答句不合旨意，禅师代答一语。其二指公案中只有问话没有答语，或原有答语，作者另加一句别有含义的话。二者区别不大，都是对古人或他人禅语的发挥。由于云门语录中多有代语和别语，一般认为"代别"始自云门。善昭作《公案代别百则》，利用这种形式发掘公案中的古人意旨，实际上是借公案表达自己的思想。

有一个记载梁武帝与达磨对话的公案，内容是：梁武帝问达磨："对朕者谁?"达磨回答："不识。"善昭的代语是："弟子智浅。"善昭作公案代别，是要把公案中尚不完善的话改为佳言机语，以此来表达自己的心明智达或证悟。代别实际上是对古公案作修正性解释。公案代别此后风行于禅林，既是教禅习禅的一种方式，也是表达明心见性的一种手段。

善昭所创颂古，是以韵文对公案进行赞誉性解释。他选择流传最广的一百则公案，分别诠释，形成著名的《颂古百则》。有一则公案名《俱胝一指》，说的是唐代有位俱胝和尚，每遇有人向他问禅，他都不多说话，只竖起一根指头表示回答。善昭关于这则公案的颂文是："天龙一指悟俱胝，当下无私物匪齐，万互千差宁别说，直教古今勿针锥"。意思是说，俱胝和尚一指启悟人的方式是从天龙和尚那里学来的，因为他就是从一指得悟。"一指"喻一以贯之，在千差万别的世界中，要把握它们的统一性。"无私"指无我，无我也就是性空，所以从无私的角度看世界，无物不是齐一的。至于俱胝和尚的本意是什么，公案中没有记载，这恰好给颂古作者留下灵活创造的广阔天地。

在善昭之后，颂古之风弥漫于禅宗界，成了明心见性的重要手段。几乎所有能提笔的禅僧都有颂古之作，所有参禅者都要钻研颂古，所有名师都发表对颂古的评说。善昭之后的宋代颂古名家有四位：云门宗的雪窦重显，曹洞宗的投子义青、丹霞子淳和宏智正觉。南宋中期，池州（安徽贵池）报恩光孝禅寺僧人法应，花了 30 年时间收集颂古之作，于淳熙二年（1175 年）编成《禅宗颂古联珠集》，收公案 325 则、颂古 2100 首、作颂古的禅僧 122 人。元初钱塘沙门普会接续法应的工作，从元贞乙未年（1295 年）开始，用了 23 年时间，编成《禅宗颂古联珠通集》，又增加公案 493 则、颂古 3050 首、作颂古的禅僧 426 人。颂古在两宋的流行之势，堪与机锋棒喝在晚唐五代的流行之势相比。

随着颂古的流行，它本身也经历了若干变化。主要表现之一，是颂文着力于艺术表现，语义愈加模糊，所以颂古被定义为"绕路说禅"。更有甚者，有些颂古实际上已完全脱离了公案。据《枯崖漫录》，净慈肯堂育禅师有一首关于《即心即佛》公案的颂文："美如西子离金阙，娇似杨妃下玉楼，终日与君花下醉，更嫌何处不风流"。很明显，这些已是助人优悠消闲，没有多少禅韵可谈。颂古这种必须发之于唇吻、行之于华章的"禅"，特别受到文学之士的喜爱。

禅僧将禅化为斑斓的文字，与他们认为文字可以表达明心见性的思想直接联系。宋代最著名的禅史学家慧洪（1071～1128 年），在《石门文字禅》中强调："心之妙不可以语言传，而可以语言见"，因为语言是

"心之缘，道之标帜"。一个人是否明心见性，是否得道，是否证悟，最终要以他运用语言的能力来衡量。因此，慧洪极力反对"以拨去文字为禅，以口耳受授为妙"的做法。慧洪是宋代论证文字禅、公案诠释学合理性的最有代表性的禅师。在这种理论支配下，北宋禅师注重艺术的语言表达、感情的宣泄、意境的追求，而禅的心理体验却被绝大多数人放在次要位置。

拈古是用散文体解释公案大意，曾与颂古并行。拈古的影响远不及颂古，但拈古之作的数量也十分可观，成为另一种教禅习禅的重要方式。

临济僧人克勤（1063～1135 年）把诠释公案之学推向顶峰。他讲解云门僧人雪窦重显的《颂古百则》，形成《碧岩集》。此书把公案、颂文和经教三者结合起来，创造直截了当说禅的评唱体，使公案和颂古更容易为人们接受。此书的显著特点，是通过烦琐考证讲解公案和颂古，并大量引用佛教和儒家经典，但它所要表达的思想却十分贫乏。

从代别、颂古、拈古到评唱，标明了宋代文字禅演进的轨迹。公案解释之学本质上是中国佛教特有的新义学，促使禅僧埋头钻研语录、灯录、公案和颂古，不注重禅修践行。克勤之后兴起的两种禅法体系，都具有清理公案注释学的作用。

 两种禅法体系

北宋末到南宋初，是禅学多途发展的重要阶段。

宋徽宗的佛教道化措施，激发起禅僧引道教入禅宗的浪潮。为数众多的下层禅僧把修禅与道教的胎息、长生联系起来，将习禅的目的归结为长寿永年，羽化升天。他们还以道教的观点解释禅宗史上的神话，认为古代长寿禅师均修习养生术。有的禅僧还提出"学禅悟易"，主张用占卜吉凶来为抵御外敌入侵服务。这是禅僧忧国忧民所采取的宗教表现形式。在这些禅学的支脉以外，兴起了两种有影响的禅法体系。一是曹洞宗僧人正觉的默照禅，一是临济宗僧人宗杲的看话禅。

正觉（1091～1157 年）是隰州（山西隰县）人，俗姓李，11 岁出家，14 岁受具足戒，18 岁游方参学，嗣法于曹洞宗禅师丹霞子淳。从建炎三年（1129 年）开始，正觉住持明州天童寺，倡导默照禅，前后近 30年。

默照禅注重静坐守寂，以所谓"空劫前事"作为观想对象，实际上是探究世界和人生的本源。"空劫前事"指本心或心的本来面目。它要求禅者在修习过程中要一空其心，内不随情感而波动，外不为声色所困扰，心空无像，即为成佛作祖之时。按照默照禅的理论，"空"是心的特性，由心所派生的世间一切也以"空"为共性。默照禅即以体验心的空虚本性，运用它的灵妙神"照"功能为最高目标。所谓"照"本指般若智慧的运用，主要指把空观贯彻于世间万物，而且不排斥日常的认识活动。默照禅所讲的"照"，是所谓"自照"，既不与世间相互交接，也没有特定的具体观照对象，唯以体验无差别的空幻为目的。

　　从慧能以后，禅宗特别强调不要执著于坐禅形式，认为行住坐卧、语默动静皆是禅，即把对禅境的体验贯彻于日常生活中的每时每刻、一切方面。但是，默照禅继承了禅宗内部某些僧人重坐禅的传统，把静坐默究作为证悟的唯一方式，与占主导地位的禅学思潮相违背。

　　默照禅也不是向北宗神秀系禅法的回归。它否认有可供观想的心的存在，尤其反对"拂尘看净"这类北宗的代表性观点。在很大程度上，默照禅的形成与吸收《庄子》入禅有关系。正觉使用"坐忘"、"齐物"、"梦蝶"、"观鱼"、"槁木"、"谷神"等说明默照禅的特性，集中强调"静应万缘"和"默容万像"。这就是说，无论世界天翻地覆，不管时事是非曲直，我皆以"静"应之，以"默"容之，令彼我相忘于静默之中，从而感受到梦幻般的逍遥和解脱。在南宋初期的社会大动荡中，默照禅不仅吸引了众多僧人，使曹洞宗振兴，而且吸引了为数众多的士大夫。

　　与默照禅直接对立的是看话禅，由临济宗僧人宗杲倡导并完善化。宗杲（1089～1163年）是宣州（安徽）宁国人，17岁出家。从徽宗崇宁四年（1105年）到钦宗靖康元年（1126年）的21年中，他主要在南北各地游学参访，最后投到克勤门下。高宗建炎元年到绍兴十年（1127～1140年）的13年中，他批判默照禅，火烧其师的《碧岩集》并禁止其流通，倡导看话禅。绍兴十一年（1141年）到二十六年（1156年），是他遭流放的15年。宗杲与张九成关系密切，得罪秦桧，被指为谤讪朝政，先流放衡州（今湖南衡阳），后移梅州（今广东梅州）。在此之后，他被恢复僧人身份，弘教传禅，成为当时南宋声望最著、影响最大的禅师。宗杲虽卷入政治斗争的漩涡无力自拔，但忧国忧民之心有增无减。他曾指出，自己虽是一名出家人，但爱君忧国之心与忠义士大夫一样。

宗杲倡导的看话禅，是主张通过直观参究禅师参禅答语而获得证悟的禅法。所谓"看"，指内省式参究；所谓"话"，指公案中记录的禅师参禅答语。宗杲认为，公案中那些具有不可解释性的禅师答语（称为"活句"），具有启悟功能。他特别重视"赵州狗子"这则公案中的话头。这则公案说：有僧人问赵州从谂和尚，"狗子还有佛性也无？"赵州回答："无"。这个"无"就是具有不可解释性的话头。按照禅宗的理论，一切众生皆有佛性，狗当然也有佛性，但赵州和尚回答"无"，是反语，不能从字面上理解，这叫"活句"。看话禅要求在参究（看）此类话头时，排除文字解释与逻辑把握，时时保持一种"心头闷"的特殊心理体验，并把这种体验贯彻到生活中的每时每刻，获得瞬间顿悟，从而确立一种视天地、彼我为一的理性认识，最终能够在现实生活中随缘放旷、任性逍遥。看话禅把解决思想认识、禅境体验和社会实践三者结合在一起，认为"参透"话头就意味着证悟，便与诸佛诸祖无区别。

参究话头不同于诠释公案。整个公案是有意义的，可以用文字来解释的，尤其可以作颂古诠释。但作为公案一个组成部分的活句话头，是无意义的，不可解释的，只能直观参究。这样一来，宗杲为文字禅和看话禅的并行提供了理论依据，它同时又具有革除机锋棒喝和文字禅流弊的作用，使禅僧既重视钻研语录公案，又重视禅修实践。

宗杲在倡导看话禅的过程中，全力批判默照禅，尽管他与正觉的私人关系很好。宗杲认为，追求默照和空心，只能使人更加迷惑，根本不能导向觉悟。默照禅把所谓静坐守寂作为明心见性的途径，是错把手段当成目的，割裂了动与静、言与默的相互联系，既是对《庄子》的曲解，更违背了时时处处体验禅境的禅宗根本原则。经过宗杲多方面的批判，此后默照禅成了"邪禅"的代名词，被永远钉在耻辱柱上。尽管此后有的禅师吸收默照禅的某些内容充实看话禅，但禅宗史上没有一位有影响的禅师公开为默照禅翻案。从元至明，经明历清，宗杲的看话禅始终是禅宗内部占主导地位的禅法。

八 汉藏融合与汉地诸宗

 元代佛教新格局

元王朝是一个幅员辽阔，由多民族组成的帝国。对不同民族的宗教信仰，蒙元诸帝基本遵循成吉思汗和窝阔台时期的既定方针，允许多种宗教并存。在元王朝统辖的疆域内，除了儒教、佛教、道教、伊斯兰教之外，也里可温（天主教）、术忽（犹太教）等也占有一席之地。对汉地佛教影响较大，一定程度上左右其发展趋向的，是藏传佛教。

藏传佛教指西藏地区的佛教。在元代以前，藏地佛教基本上独立发展。它与汉地佛教虽有过一些相互交流，但彼此影响不大。到了元代，藏传佛教持续流入内地，时间长、传播广、规模大，给汉地佛教以深刻影响。

早在定宗贵由（1246～1248 年）时，蒙古统治者就与吐蕃喇嘛教建立了联系。至元七年（1270 年），忽必烈进封藏僧帕思巴（1239～1280 年）为帝师，此后历代皇帝都要迎请藏僧任帝师，这是宗教界的最高首脑。至元二十五年（1288 年），释教总制院改为宣政院，其职责是直辖西藏地区的民政、军政、司法事务，并且管理全国佛教事务。帝师制度和宣政院的先后确立，使藏传佛教僧人在宗教界的无上地位有了制度保障。

由于帝师权大势重，其徒众随之飞黄腾达。泰定年间（1324～1327 年），帝师弟子封为司空、司徒、国公、佩金玉印章者，前后相望。元王朝把喇嘛教奉为国教，使藏传佛教的高僧进入汉族聚居地，主要出于统治西藏地区的政治需要。元代某些帝王也对其修行活动迷恋，其中有甚者，吸收某些性修炼活动，使内宫丑闻迭出。

元朝崇佛重在修功德，从建寺造塔、赐田斋僧、写经印经、念经祈祷，到帝后受戒、受法，各种功德法事长年不断，几无虚日，为此耗费的人力、物力和财力很惊人。在帝室的慷慨捐助下，许多国立寺院不仅拥有大量土地，而且经营工商业，使寺院经济畸形发展。喇嘛教的到来，使汉地佛教艺术发生了若干变化。佛像的塑造和雕刻，带有了浓厚的藏地色彩。元代官方掌握的寺院僧尼人数与南宋不相上下，据至元二十八年（1291 年）统计，在宣政院注籍的寺院有42318 所，僧尼有 213100 人。僧尼人数显然不太确切，据有人估算，元代中期僧尼大约有百万左右。

藏传佛教进入汉地后的一个重要影响，是密教的经典受到高度重视。唐宋时期译出的密教经典原不流行，随着藏僧到来，"秘密之法，日丽乎中天，波渐于四海"。精通密教的僧人，"皆致重于天朝，敬慕于殊俗"（《佛祖历代通载》卷二十二）。汉地佛教僧人中，研究密教经典的人不断增多，社会上流行的佛教法事，也加入了更多的密教因素。这在一定程度上改变了汉地佛教的面貌。

元代的佛教寺院分为禅、教、律三类。律为各派僧人共奉，实际上是禅、教两个系统。禅指禅宗，教指华严、天台和唯识三家。元王朝为了抑制禅宗的势力，把"教"冠于"禅"之上，鼓励僧人讲经。至元二十五年（1288年），朝廷命江淮诸路建御讲所36所，选派精通各类经典的教僧主持讲经。在元王朝的大力支持下，华严、天台和唯识三派的经典也不断有学问僧研究和弘扬。

元世祖忽必烈鼓励讲《华严经》，据说是为了彰显如来的富贵。元代讲《华严经》的僧人不少，但专弘华严宗的僧人不多。由于做佛事的需要，五台山特别为元王朝重视，此外也因此持续成为华严学的重要基地，其代表学问僧是仲华文才一系。文才（1241～1302年）早年精于理学和华严教义，先奉诏住洛阳白马寺，后住五台山祐国寺，以弘扬华严学为主，著有《华严悬谈详略》。其弟子大林了性（？～1321年）住五台山普宁寺，纪堂宝严（1272～1322年）住五台山祐国寺。元都城的知名华严学僧有妙文、德廉等人。元代南方的华严学僧也不少。一云大同（1289～1370年）曾从春谷、古怀肇等习《华严经》，后以绍兴宝林寺为主要传法基地。浦尚早年随景岩福习《华严》，后住杭州高丽，晚年自号"杂华道人"，说明他以专弘《华严经》为业。他的弟子有学古海、慈泽翁等数十人。有"足迹半天下，诗名满世间"之称的盘谷，曾于杭州慧因寺为王璋讲华严教义。云南苍山再光寺的普瑞虽从学于禅僧皎渊，但平生专门研究华严宗的典籍，著有《华严谈悬会玄记》、《华严心镜》等。元末明初的善学精通《华严大疏抄》，以融合天台和华严教义著称，特别重视禅定在解脱过程中的作用，并认为这是修习华严学的关键。

元代杭州地区活跃着不少研究和弘扬天台典籍的学问僧，以湛堂性澄（1253～1330年）一系为主。性澄曾住杭州演福寺，著有《金刚经集注》、《弥陀经句解》等。至治元年（1321年），他应诏入京，校大藏经。在元初尊教抑禅的风气下，性湛为振兴天台宗做了不少工作。他请求把天台宗的祖庭国清寺由禅院改为教寺，得到元世祖的支持。禅僧本无为求得进身之阶，改换门庭，投到性湛门下"精研教部"（研究天台宗典籍）。本无原来的老师寂照禅师对此不无遗憾，作偈一首寄本无："从教入禅今古有，从禅入教古今无。一心三观门虽别，水满千江月自孤。"这首诗偈很能反映禅宗不景气的状态。性湛的弟子玉岗蒙润（1275～1324年）在杭州讲《法华经》，并著有《天台四教仪集注》，属于学习天台教义的入门书。性湛的另一弟子浮体允若（1280～1359）著有《内外集》，因其戒行严谨，被称为僧中御史。另外，元代研究法相唯识学的名僧，如云岩志德（1235～1322年）、吉祥普喜，也被选入江淮诸路的御讲所，宣讲唯识宗的经典。

汉地僧人研究和宣讲华严、天台、唯识诸派典籍，得到元王朝的支持和鼓励。讲经活动主要是向社会各阶层普及佛教基础知识，并没有深入发展成为有创新的佛教经院义学。当时藏传佛教僧人普遍认为汉地佛教僧人佛学知识很差。在汉地佛教内部，最有影响的依然是禅宗。

 ## 曹洞宗和临济宗

元代禅宗有曹洞和临济两支，活跃于北方的是行秀系的曹洞宗和印简系的临济宗，南方则以原妙系的临济宗为主。

万松行秀（1166～1246年）曾受到金章宗的重视，于明昌四年（1193年）应诏赴内廷说法，得到皇族贵戚的丰厚布施。承安二年（1197年），他应诏住京城栖隐寺，后迁报恩寺。行秀主要继承宋代克勤的禅学，作《从容庵录》，解释宏智正觉的《颂古百则》，使评唱之风盛行于金元时代的北方，形成与南方临济宗截然不同的禅学风貌。《从容庵录》是应耶律楚材之请，在整理多年讲稿基础上完成，脱稿于1223年。此书在形式上模仿克勤的《碧岩集》，在繁琐考证、大量用典、背离公案等方面，比《碧岩集》走得更远。对于不倾心禅学，但又希望获得佛教及儒教知识的金元少数民族文士，此书颇有吸引力。

行秀的得法弟子有120人，在元初宗教界颇具影响和号召力的是林泉从伦（1223～1281年）、雪庭福裕（1203～1275年）、华严至温（1217～1267年）。至温与刘秉忠自幼相交，经其推荐，为蒙元统治者重用。他在受命管理关西五路、河南、南京等路的僧尼事务时，保护寺院田产不受豪强及其他宗教僧侣侵占，对振兴这些地区的佛教起了重要作用，被后代僧人赞为有回天之力。

在蒙元初期持续长达数十年的佛道斗争中，从伦和福裕是佛教方面的代表。佛道斗争从全真教丘处机的弟子辈全面展开，初以李志常（1193～1256年）为首，继以张志敬为代表。1255年，鉴于全真教徒侵夺佛寺，毁坏佛像，并刊行《太上混元上德皇帝明威化胡成佛经》及《老子八十一化图》攻击佛教，福裕上书控告道教徒，并奉诏和李志常廷前辩论。1256年福裕再次控告道教徒，取得胜利。1257年秋福裕等人再次上书，指责道教徒没有退还佛寺和焚烧《化胡经》，并在开城与张志敬为首的道教徒论战。至元十八年（1281年），经过喇嘛教僧人的鼓动，元世祖诏谕天下，除《道德经》外，其他一切道教经典全部烧毁，并命从伦主持焚烧仪式。以全真教为首的道教和以曹洞宗为首的佛道之间的斗争，至此告一段落。从伦在禅学上直接承袭其师行秀，著《空谷集》和《虚堂集》，进一步推动了曹洞宗诠释公案和颂古之风的盛行。元代中叶以后，曹洞宗的师徒传承均出自福裕一系，以河南嵩山为主要传法基地，这种分布格局一直维持到明末。

北方临济宗是海云印简一系。印简（1202～1257年）是第一位与蒙古贵族建立密切关系的有影响的汉族僧人。大约1219年，他与其师中观沼结识木华黎。1235年窝阔台差官试僧道，印简被推为住持。1242年，忽必烈请他到漠北说法。1247年，贵由皇帝命他统领僧众，1251年，蒙哥皇帝命他掌管全国佛教事务。他在规劝蒙古贵族接受汉文化，阻止其野蛮对待汉族人方面，贡献尤多。印简为蒙古统治者多次宣讲的所谓"佛法"，实际上是从三纲五常到治国平天下的儒学，在禅学思想方面，他毫无建树可言。印简的弟子可庵朗、赜庵儇，再传弟子西云安，都受到元王朝的重视。到元武宗时，印简系仍被朝野视为临济宗正统。此系禅师知名于佛教史，全赖政治上的腾达。

元代南方禅学与北方迥然有别，南方禅师接受宗杲的影响，以参究话头为主要修行内容，一般都反对诠释公案和颂古的评唱。南方是临济宗的天下，代表人物是原妙一系的禅师。

高峰原妙（1238～1295年）在苦行隐修中度过一生。他曾在临安龙须山苦修9年。1279年，他到杭州天目山西师子岩营造小室居住，号为"死关"，足不出户10余年，直至逝世。原妙的隐修与当时的尊教抑禅有关系，反映了一部分禅师与元统治者在政治上拉开了距离。原妙继承宗杲的禅学，并对看话禅作了若干修正。他主张参究"万法归一，一归何处"的问话，取代宗杲提倡的参究"无"字话头。他强调，在参究话头过程中，要把禅的证悟建立在对世界和人生的绝对怀疑上，要用集中思虑世界人生本原的方法，强制转移和忘却现实的世界人生。他特别重视坐禅在参究话头过程中的作用，从而引导人们到远离闹市人烟的地方修习禅定。南宋遗民的世纪末意识，部分汉族僧人身处异族统治下的悲观情绪，都在这种禅法中突出表现出来。所以原妙虽然长期隐修，却能吸引众多的信徒。

原妙的弟子明本（1263～1323 年）没有长期居住一地隐修，而是常年草栖浪宿，奔波于江南各地传禅授徒。他与当地官僚和士大夫保持着密切关系，却不应诏去住持国内大寺院。明本不仅有众多的汉族弟子，而且指导过多名高丽僧人习禅，驸马王璋也曾向他请教禅学。跟随明本习禅的日本来华僧人尤多，知道姓名的就有几十位。元统二年（1334 年），元惠宗追谥明本"普应国师"号。在禅学方面，明本承袭其师原妙，倡导参究话头，反对评唱公案。他提出密、教（指天台、华严、唯识）、禅、律四宗一致，是共传一佛心。当时喇嘛教地位至高无上，是密宗的代表，所以明本把密宗放在了首位。明本的弟子千岩元长（1284～1357 年）和天如惟则（1276～？ 年）沿着他的思路前进，力主禅与净土、禅与密教的融合。这是明代中叶以后禅学发展的趋势。

3　白莲教和白云宗

除了正统佛教宗派之外，一些脱胎于佛教的秘密宗教团体也涌现出来。这些团体大多以僧侣为领导骨干，以下层民众为主要成员，其宣扬的核心教义最初取自佛教，并持有经典依据。但是这类团体在发展过程中，各种实践活动与现实生活密切联系，打破戒律的约束，教义上随之接纳儒教、道教以及各种民间信仰，与任何正统宗教派别都拉开较大距离，带有鲜明的叛逆色彩。它们既得不到正统佛教徒的承认，也遭受统治阶级的政治打击，不少团体最终成为农民起义队伍中的一支力量。元代江南流行的白莲教和白云宗，即属此类团体。

白莲教亦称白莲菜，创始于南宋初年，是接受净土信仰的一派。最初它是通过结社念佛把僧俗信徒组织起来，其后又逐渐与正统佛教拉开距离，发展为民间秘密教团，由此被视为异端。

江苏吴郡延祥院僧人茅子元（？～1166年）先学天台教义，修习止观法门，后来仿效东晋慧远结社念佛，聚众创立白莲教。在宗教理论上，白莲教主张人心的染净程度决定其转生净土的等级，因此要把修心与修净土法门结合起来。在宗教实践上，主张信守五戒，结社念佛，坚持素食，男女共修，不避忌讳。它的某些宗教仪规有混融天台与净土的特点。绍兴初年，南宋王朝以"食菜事魔"的罪名将茅子元流配江州（江西九江）。绍兴三年（1133年），茅子元被赦。宋高宗曾召见他，并赐"劝修净业莲宗导师慈照宗主"的称号。茅子元死后，小茅阇黎等人继续倡导，使白莲教行于南方。

元代白莲教更多容纳了民间巫术，从元世祖起就被官方视为邪教。元武宗至大元年（1308年），诏令禁白莲教，毁其祠宇，以其人还隶名籍。庐山东林寺僧人普度抓住劝修净土这一条，上元大都为白莲教辩护，加上白莲教其他上层人物的积极活动，一度恢复了它的合法地位。不过，白莲教的大多数人活动于民间，鼓动和组织农民反抗统治者，在元末农民大起义中发挥了作用。到了明末，白莲教中又加入了对弥勒的信仰。到清中期嘉庆年间（1796~1820年），白莲教仍然是一支造反的力量。白莲教教义上的变化，直接反映了佛教某些信仰在民间的普及程度。

白云宗又名白云莱或十地莱，也是一个兼有僧俗信徒的民间秘密教团。它的核心教义来自华严宗，并且糅合了三教学说。

白云宗由北宋末年的沙门孔清觉（1043~1121年）创立。孔清觉居杭州白云庵，宣扬《华严经》教义为顿教，属"菩萨十地"（菩萨修行的十个阶位）中的第十地（最高阶位），因而是导致众生成佛的"佛乘"。他依据华严宗圆融无碍之说，提倡儒释道三教一致，认为儒教的仁义礼智信、忠君孝父，佛教的慈悲救世、化诱群迷，道教的寂默恬淡、无贪无爱，虽然各有特点，其义则一。白云宗不许娶妻，要求信徒耕稼为生。白云宗除组织信徒集会诵经焚香、修忏念佛之外，还从事建桥筑路的活动。据说白云宗集会夜聚晓散，男女无别，因此被视为妖教。政和六年（1116年），孔清觉被流放广南恩州（广东恩平），四年后获释。宋宁宗时，禁止白云宗流行。元代白云宗一度有发展，杭州南山普宁寺为该宗活动中心。普宁寺住持道安组织雕刻了一部大藏经，即《普宁赞》。此藏经除复刻宋代思溪《圆觉藏》外，还加入了白云宗的撰述和元代新译经。延祐七年（1320年），白云宗遭禁。

九　明代佛教与清代佛教

明清佛教政策

朱元璋建立的明王朝（1368～1644年），加强思想文化方面的统治，对佛教的控制也更为严格。

朱元璋出身贫寒，17岁于濠州（安徽凤阳）皇觉寺出家，25岁投入白莲教徒郭子兴领导的农民反元起义的部队，最后攫取起义的胜利果实，成为明王朝的缔造者。早年的为僧经历，使他十分熟悉佛教的内幕；3年的游方乞食生活，使他广泛了解佛教与社会各阶层的关系；打着明教和弥勒教旗号的农民起义军能够日益壮大并取得胜利，又使他深刻认识到宗教在社会上的影响、价值和地位。因此，朱元璋即位后采取的宗教政策，严密而且针对性强。有关整顿治理佛教的各项措施，不仅奠定了整个明王朝佛教政策的基础，对清代佛教也产生了深刻影响。

朱元璋称帝的第一年，诏令禁止白莲社、大明教和弥勒教等一切"邪教"。洪武十五年（1382年）以后，对正统佛教的管理进一步加强。他所采取的一系列措施，重在消除佛教所能够引发的社会不稳定因素。

随着明王朝的建立，喇嘛教也就失去了在内地佛教界的特权地位。朱元璋出于"化愚俗"、"弥边患"的政治目的，曾给予少数喇嘛较高待遇。其后成祖（1403～1424年）、宪宗（1465～1487年）和武宗（1506～1521年）也曾召来不少喇嘛，一度引起公私骚然，朝野不满。到世宗（1522～1566年）时复汰番僧，彻底削弱了藏传佛教对汉地佛教的持续影响。

朱元璋注重强化佛教的管理体制。洪武元年（1368年），在金陵天界寺设善世院，负责管理僧尼事务。洪武十五年，正式设立僧官机构，在中央设立僧录司，在州府县分设僧纲司、僧正司和僧会司，与行政建制相应，构成从中央到地方的严密佛教管理网络。明王朝还具体制定了各级僧官的名额、品阶、职权范围和任选标准等。

朱元璋对僧人的剃度制度作了重要变更。洪武六年（1373年），诏令全国各地免费发放度牒，但剃度条件很严格，男子出家须40岁以上，女子出家须50岁以上。他三令五申，要求僧人严格遵守传统佛教的戒律。他特别严禁僧人娶妻成家，并鼓动民众对有妻之僧群起而攻之，甚至可以活活将其打死。对于那些不居闹市、不混时俗、深入崇山、刀耕火种、甘守寂寞于林泉之下的隐修苦行僧，朱元璋最为欣赏，特别予以鼓励。很显然，这些僧人的活动不会危及他的统治秩序。

朱元璋有关佛教方面的改革，影响最大的是将佛寺分为禅、讲、教三类，僧人也相应分为三宗。"禅"

专指禅宗。"讲"指义学僧人，相当于元代的"教"。"教"指从事各种祈福弥灾、追荐亡灵法事的僧人，教僧也称瑜伽僧或赴应僧。对三宗僧人的衣饰、职责、权利等都作出了详细规定。

把教僧单列出来，是朱元璋的创造，这与当时民间显密法事的普遍盛行有关。根据洪武十五年的规定，教僧身着皂色常服和黑条浅红袈裟。他们按照洪武十六年颁布的钦定仪规做法事，具有"明则可以达人，幽则可以达鬼"的神秘效力。教僧有幸充当人天和人鬼的使者，可以获取合法收入，非教僧则不能应请做法事。

讲僧按照规定为僧俗宣讲佛教教义，也和教僧一样，担负着所谓化导"愚昧"之人的神圣职责，享有接触社会、获得合法报酬的权利。洪武十七年（1384年），朱元璋诏令讲《心经》、《金刚经》和《楞伽经》，并命宗泐、如玘等人注释此三经颁行天下。他力图通过对某几部佛经的解释，进而统一佛教思想，起到加强思想统治的作用。

禅宗僧人没有教化世俗的社会职责，只能幽居净室，观心目形。把佛教分为三宗的措施，特别切断了禅宗与社会各阶层的联系，从而使禅僧纷纷转向，或讲经，或去充当教僧，造成明初以后禅宗的极度衰落。

洪武二十七年，诏令禁止俗人进入寺院，同时，僧人也不得随便结交官府。佛教与官方的正常联络，由砧基道人负责。砧基道人具有僧俗双重性质，是居于僧团与官府之间掌管差役税收的僧侣。到景泰年间

（1450～1456年），废除了砧基道人。

从代宗景泰二年（1451年）开始，明王朝卖牒救灾，后世沿袭，促使僧尼剧增、寺院增多。据《大明会典》统计，成化十七年（1481年）前，京城内外的官立寺院多达639所，后来续有增建。成化二十二年，度僧20万，估计全国有僧50万。到明末，王朝不能有效控制佛教，私自出家者剧增，禅宗开始了在封建社会的最后一次复兴。

1644年，满洲贵族挥兵入关，攻取北京，建立了中国历史上最后一个封建王朝，延续267年。清代佛教政策基本仿效明代，只是在某些具体措施上稍有变动。

清初20年，官方掌握的僧尼人数远不及明代。据《大清会典》，康熙六年（1667年）礼部统计，全国僧尼118907人。在度牒发放制度上，前后有几次变化。顺治十七年（1660年），下令免费发放度牒，至乾隆初（1736～1739年）共颁发各省度牒340112张，国家掌握的僧尼人数大幅度增加。针对这种情况，清王朝又明令度牒可以师徒相传，朝廷不再另发度牒，实际上是承认私度合法。乾隆十九年（1754年），因僧道度牒已无关紧要，明令废止。随着人口的增加，僧尼人数也持续增长，据太虚在《整理僧伽制度论》中估算，清末僧尼约有80万。

满洲贵族入关前已接触喇嘛教，入关之后，出于笼络蒙藏上层人物、控制边疆地区的政治目的，扶植喇嘛教，鼓励它在内地流传。但清王朝最为关注的，仍是汉地佛教中的禅宗。对于禅宗认识最深刻、控制最严厉的是清世宗。

雍正十一年（1733 年），清世宗借口禅学弊端太多，禅僧腐败严重，以维护佛教和禅宗的名义，对禅宗进行了声势浩大的清算和整顿，有关内容反映在他编著的《御制拣魔辨异录》和《御选语录》中。前者主要是打着圆悟禅学的旗号，专门为摧垮法藏禅系而作，其影响大体仅限于对禅宗中一派的整顿。后者则是对禅僧生活方式、修行理论的全面干预，为禅宗制定了不可违反的金科玉律，给禅宗的发展划定了不可逾越的界限。

在长达 19 卷的《御选语录》中，清世宗自撰 20余篇《序》和《上谕》，分散在各卷语录前后，主要内容有四项。第一，倡导宗、教合一，强调学习佛教经典（教）的重要性，禁止禅宗抛弃和贬抑传统佛教经典。第二，主张禅净兼修，反对禅宗排斥净土信仰。第三，禁止呵佛骂祖，认为僧人都是佛弟子，不能对佛信口讥诃辱骂，就如同为人子者不能骂祖先，为人臣者不能骂帝王一样，否则就要人天共嫉、天地不容。第四，贬抑诗义颂古，禁止禅僧结交士大夫。他认为，禅僧作颂古，不过是要媚悦士大夫，同于娼优伎俩，有碍于修道。雍正对禅宗全面干预，是为了清除禅宗的叛逆者成分，把它完全纳入服从和服务于王权需要的轨道，使禅宗与整体佛教融会为一。这也正是清代佛教发展的趋向。

清世宗对佛教文化事业积极支持。雍正十一年

（1733年）开设藏经馆，雍正十三年正式开刊《龙藏》，至乾隆三年（1738年）完成。这部藏经的内容根据明刻的《北藏》本，又增加了一些经论义疏和禅宗语录等，有724函1670部7240卷。清代还有国内各民族文字的藏经互译活动。雍正初年，北京黄寺土观呼图克图第一世奉命将藏文藏经甘珠尔部分译为蒙文。乾隆六年到十四年（1741～1749年），译成蒙文丹珠尔全部。乾隆三十八年至五十五年（1773～1790年），译藏文藏经为满文。此外还有一些藏文佛经译成汉文。

明清佛教走向

明代佛教仍以禅宗最盛。明代初中期，活跃于佛教界的知名僧人几乎全是禅僧。朱元璋制定的佛教政策着重打击禅宗，但为他贯彻这一政策而起作用的力量，基本又是禅宗僧人。这些禅师大都乐于讲经、注经或主持法会，走上"讲"、"教"兼施的道路，与禅宗的传统已是大相径庭。禅宗经过宋元的政治陶冶，到明代已完全驯服，对国家的依赖性日益增强。

从明初到明中叶，讲经的义学僧人各地都有，但并没有形成有影响的义学中心，佛教内部的学术研究没有多少生气。明代僧人都接受净土信仰。明初梵琦（1296～1370年）以禅师身份扬净抑禅，后来被誉为明代的"第一等"宗师。

在禅僧修行实践中，参究话头的禅法最为流行。德宝（1512～1581年）对话头禅进行了若干重要修正和补充。首先，他把默参话头与念诵话头结合起来，规定了如何念诵的细节。从入定的实践来看，出声念诵比内心默参更容易达到心理的宁静，使参禅者全然处于话头的氛围中。其次，他把念话头与念佛相等同，主张把阿弥陀佛名号直接当作"话头"，再度把净土信仰融进禅的领域。最后，他还主张解释话头，使以排除知解为前提的看话禅彻底改观，从而使看话禅掺杂了义学成分。

从神宗万历（1573～1620 年）年间开始，出现了全国性的佛教复兴运动，一直持续到清雍正时期。佛教复兴的直接原因，是国家机构丧失管理机能，名存实亡。被社会排挤的底层民众，随着战乱蔓延而不断增加，纷纷流入佛门。佛教复兴呈现两股潮流：其一是佛教综合复兴的浪潮；其二是禅宗复兴的浪潮。两股潮流相互激荡、相互影响。

代表佛教综合复兴的是所谓"明末四大高僧"，即云栖祩宏、紫柏真可、憨山德清和藕益智旭。他们的主导思想是继承宋代以来禅教兼修、三教合一的传统，既重禅学也重义学，更重净土信仰。他们是明末知名度最高的一批僧侣，每人都有一系列著作。

祩宏（1535～1615 年）的著作约 30 余种，后人集为《云栖法汇》。他的《禅关策进》一书对日本禅宗颇有影响。他适应佛教法会在民间盛行的情况，重订水陆仪规，成为以后佛教仪规的基础。他还注释了《首楞严经》、《阿弥陀经》、《遗教经》、《梵纲经》等各类佛教典籍。

真可（1543～1603年）曾发起雕刻大藏经，即《嘉兴藏》。此藏经不再采用传统的折叠式装帧（梵箧式），而采用线装书册式装帧（方册式），便于携带，有利于佛教典籍的流传。他的诸多著作收录于《紫柏尊者全集》和《紫柏尊者别集》。

德清（1546～1623年）一生云游南北各地，万历二十三年（1595年），曾因私修寺院遭流放5年。他有《法华经通义》、《圆觉经直解》、《大乘起信论直解》等佛教方面的著作，还有《老子道德经注》、《庄子内篇注》等。其门徒汇集其著作和言行为《憨山梦游集》、《憨山语录》。

智旭（1599～1655年）的著作涉及佛学、儒学、基督教等许多方面。他20年阅读佛典，在资料积累的基础上撰成《阅藏知津》一书，既有佛典目录性质，又有经籍提要性质，影响甚广。

明末禅宗最初在江西、浙江一带的山林崛起，逐渐扩展到全国各地。明清之交涌现的禅宗宗师之多令人惊异，当时具有传教资格的禅师上千人，开堂说法的禅师百余人。他们往往聚集徒众数百人乃至一两千人，这种规模在禅宗史上罕见。各地禅僧群体的一个共同特点，是以农禅兴宗。在当时的禅僧中，普遍轻视戒律，贬低佛典价值，否定西方净土信仰，反对从事瑜伽教僧的职业。这种禅风与宋代以来的禅宗传统直接抵触，与晚唐五代的山林禅有更多的相近之处。

明末复兴的禅宗派系是曹洞宗和临济宗。曹洞宗以湛然圆澄（1561～1626年）系和无明慧经（1548～

1618 年）系为主，此后一直在清代流传。临济宗以密云圆悟（1566～1642 年）系和天隐圆修（？～1615 年）系为主，也都传承很久远。在所有的禅宗支派中，以圆悟一系最有代表性。

圆悟主要在江苏、浙江、福建一带传禅，前后聚集的僧人号称"众满万指"。其中最著名的嗣法弟子有 12 人，分别传教于各地，均为一方宗师。由于圆悟门下聚集了持有各种禅观的僧人，矛盾较多，相互斗争激烈，比较全面地反映了明末的不同禅学思潮。

圆悟推崇机锋棒喝，终生用一条白棒启悟参禅者，精简了修行层次和阶段，也是对宋儒繁缛学风的一种纠正。他的弟子法藏（1573～1625 年）则主张参究话头，尤其注重探讨五家宗旨（晚唐五代禅宗五派的教禅学禅理论）。他认为，如果不重新发掘五家宗旨，树立教禅习禅的原则，确立禅学的根本思想，就无法判断禅僧言行的真伪是非，以致出现禅师把乱打乱骂视为传禅的现象，出现鸡鸣狗盗之徒称王称霸的局面。这实际上也是对其师圆悟不点名的斥责。法藏重新整理五家宗旨，并认为五家宗旨不是中国禅宗发展到一定阶段的产物，而是蕴含在威音王佛（最古老的佛）中。圆悟对法藏的理论全盘否定，著论驳斥。法藏的弟子潭吉弘忍又著书为其师辩护，此时两家已相敌如楚汉了。崇祯十一年（1638 年），圆悟推出长达 10 卷的《辟妄救略说》，全面批判已故法藏及其弟子弘忍。这场斗争后来受到清世宗的干预，以法藏系被彻底摧垮宣告结束。

明末清初禅宗内部的各种争论，所涉及的具体问题很多。这些争论的症结在于：是突破传统佛教，还是维护传统佛教；是有选择地继承禅学遗产，还是全盘接受禅学遗产。出自曹洞宗无明慧经系的觉浪道盛（1592～1659年），提出了集大成的思想，主张以禅学集佛教发展之大成，全面吸收传统佛教的一切遗产。这既是禅宗僧人经过长期论战最后达成的共识，也是明清佛教从理论到实践的基本走向。

明清时期佛教进一步向民间渗透，社会上各种法事盛行。另外，佛教教义与道教、儒教及各种民间信仰相糅合，形成习称为"善书"和"宝卷"的书籍，在明清社会普及起来。

"善书"是劝人行善止恶的书籍。宋代有《太上感应篇》，是以道教信仰为基础的劝善书。明代僧人也制作善书，袾宏改编袁了凡的《阴骘录》成《自知录》，是以佛教为主体的劝善书。此书把人的一切思想言行划分为善恶两类（门），善门指忠孝、仁慈等，与之相对的恶门则指不忠不孝、不仁不慈等。或善或恶的思想言行都会招致相应的果报，其规定十分琐细。明末以后，佛教的此类劝善书广泛流传民间，给社会生活以深刻影响。

"宝卷"与善书产生的时间大体相同，性质也类似，不外乎以三教融合的思想为主要内容。明末以后不断增多的民间宗教团体，各制"宝卷"，阐扬其教义宗旨，信徒们随身携带，为该宗教团体的权威典籍。在不少佛教寺院中，也向信徒们发放善书之类的书籍。

在佛教某些信仰和法事仪规普遍为社会各阶层接受的过程中，与反抗性强、杂糅三教思想为其核心教义的民间宗教团体日益增多形成鲜明对比，正统佛教在清中叶以后极度衰落。

 居士佛教概观

明清两代文士中不乏佛教信徒，构成研究佛教义理特别是弘扬佛教信仰的重要社会力量，一般习称为居士佛教。他们大多并不专攻某一部经典，也不专门研究某一派的教义，而是混合研究各类典籍，普遍接受西方净土信仰，积极支持佛教僧侣，分别撰有佛教方面的书籍。

明初翰林学士宋濂曾三番阅读大藏经，倾心于佛学。他为高僧撰写的塔铭等39篇，后为袾宏辑成《护法录》，是研究元末明初佛教的重要资料。

到了明代末年，与佛教僧人来往的文士不断增加，居士阶层在传播佛教方面的作用显著增强。在不少明末清初僧人的传记中，往往列有与其关系密切的士大夫名单，动辄数十人。

李贽（1527～1602年）兼通儒释，佛教方面的著述有多种。他撰《文字禅》解说禅学，作《净土诀》弘扬净土信仰，编《华严合论简要》宣传华严教义。他特别以佛学为武器，激烈批评道学。袁宏道（1568～1610年）始而倾心禅，曾从学于李贽，对各种禅学思潮和禅法理论予以评述，但大体不出禅宗内部各派僧人的认识范围，没有什么创新。后来又弃禅虔信净土法门，撰《西方合论》。瞿汝稷汇集禅师的重要语录，编撰《指月录》32卷，是一部在佛教内外都有影响的禅书。精于医学的王肯堂以研究唯识教义著称，撰有《成唯识论证义》。另外，兼研各种佛教典籍的人很多，焦竑有《楞伽经》、《法华经》、《圆觉经》等典籍的《精解》，方泽有《注华严经合论纂要》，钱谦益有《楞严经疏解蒙钞》，曾凤仪有《楞严宗通》、《楞伽宗通》，等等。屠隆著《佛法金汤录》，是驳斥宋儒反佛排佛言论；郭凝之、圆信合编《先觉宗乘》，是宣扬居士佛教的。

清代文士信奉佛教者也很多，有的人曾为振兴佛教奔走呼吁，做了大量工作，在国内外都产生了广泛影响。

清初毕奇（？～1708年）曾习禅学，著有《别传录》。周梦颜（1656～1739年）信仰净土，著有《西归直指》。方以智（1611～1671年）、黄宗羲（1601～1695年）等人则借佛学充实自己的理论。彭绍升（1740～1796年）因读《紫柏全集》而对佛教产生信仰，广泛阅读各种佛教经论，对华严宗教义有研究，并著有《居士传》。罗有高（1734～1779年）、汪缙（1725～1792年）与彭绍升关系密切，均信仰佛教，从事过佛学研究。

清代中叶的钱伊庵（？～1837年）摘引古禅师言行，辑成《宗范》一书，比较受僧人重视。裕恩是满族贵族，喜好佛典，精通多种文字，曾校读藏经。他精通密宗布坛仪规，刻有《药师七佛供养仪轨经》。

清末杨文会（1837～1911 年）为佛教文化复兴做了多方面的工作。他因阅读《大乘起信论》信仰佛教，立志搜集佛教典籍，刻印流通，并因此创立金陵刻经处。光绪年间，他随外交使团数次到伦敦、巴黎，结识日僧南条文雄（1849～1927 年），回国后与南条交换两国所缺佛典。光绪二十一年（1895 年），他在上海会晤来自斯里兰卡的达磨波罗（1864～1933 年），赞同"印度摩诃菩提会"发起的复兴佛教运动，并与日本、朝鲜的佛教复兴运动相呼应，在中国实施振兴佛教的计划，包括创办学校、编撰佛教教材、搜集和刻印佛典。1910 年开办佛学研究会，定期讲经。他的著述收录于《杨仁山居士遗著》。

参考书目

1. 吕澂：《印度佛学源流略讲》，上海人民出版社，1979。

2. 吕澂：《中国佛学源流略讲》，中华书局，1979。

3. 汤用彤：《汉魏两晋南北朝佛教史》，中华书局，1983。

4. 汤用彤：《隋唐佛教史稿》，中华书局，1982。

5. 任继愈主编《中国佛教史》一至三卷，中国社会科学出版社，1981、1985、1988。

6. 任继愈总主编、杜继文主编《佛教史》，中国社会科学出版社，1991。

7. 杜继文、魏道儒：《中国禅宗通史》，江苏古籍出版社，1993。

8. 郭朋：《明清佛教》，福建人民出版社，1982。

9. 方立天：《魏晋南北朝佛教论丛》，中华书局，1982。

10. 中国佛教协会编《中国佛教》（一、二、三、四），知识出版社，1980、1982、1989。

《中国史话》总目录

系列名	序号	书 名	作 者	
物质文明系列（10种）	1	农业科技史话	李根蟠	
	2	水利史话	郭松义	
	3	蚕桑丝绸史话	刘克祥	
	4	棉麻纺织史话	刘克祥	
	5	火器史话	王育成	
	6	造纸史话	张大伟	曹江红
	7	印刷史话	罗仲辉	
	8	矿冶史话	唐际根	
	9	医学史话	朱建平	黄　健
	10	计量史话	关增建	
物化历史系列（28种）	11	长江史话	卫家雄	华林甫
	12	黄河史话	辛德勇	
	13	运河史话	付崇兰	
	14	长城史话	叶小燕	
	15	城市史话	付崇兰	
	16	七大古都史话	李遇春	陈良伟
	17	民居建筑史话	白云翔	
	18	宫殿建筑史话	杨鸿勋	
	19	故宫史话	姜舜源	
	20	园林史话	杨鸿勋	
	21	圆明园史话	吴伯娅	
	22	石窟寺史话	常　青	
	23	古塔史话	刘祚臣	
	24	寺观史话	陈可畏	
	25	陵寝史话	刘庆柱	李毓芳
	26	敦煌史话	杨宝玉	
	27	孔庙史话	曲英杰	
	28	甲骨文史话	张利军	
	29	金文史话	杜　勇	周宝宏

系列名	序号	书　名	作　者
物化历史系列（28种）	30	石器史话	李宗山
	31	石刻史话	赵　超
	32	古玉史话	卢兆荫
	33	青铜器史话	曹淑芹　殷玮璋
	34	简牍史话	王子今　赵宠亮
	35	陶瓷史话	谢端琚　马文宽
	36	玻璃器史话	安家瑶
	37	家具史话	李宗山
	38	文房四宝史话	李雪梅　安久亮
制度、名物与史事沿革系列（20种）	39	中国早期国家史话	王　和
	40	中华民族史话	陈琳国　陈　群
	41	官制史话	谢保成
	42	宰相史话	刘晖春
	43	监察史话	王　正
	44	科举史话	李尚英
	45	状元史话	宋元强
	46	学校史话	樊克政
	47	书院史话	樊克政
	48	赋役制度史话	徐东升
	49	军制史话	刘昭祥　王晓卫
	50	兵器史话	杨　毅　杨　泓
	51	名战史话	黄朴民
	52	屯田史话	张印栋
	53	商业史话	吴　慧
	54	货币史话	刘精诚　李祖德
	55	宫廷政治史话	任士英
	56	变法史话	王子今
	57	和亲史话	宋　超
	58	海疆开发史话	安　京

系列名	序号	书　名	作　者
交通与交流系列（13种）	59	丝绸之路史话	孟凡人
	60	海上丝路史话	杜　瑜
	61	漕运史话	江太新　苏金玉
	62	驿道史话	王子今
	63	旅行史话	黄石林
	64	航海史话	王　杰　李宝民　王　莉
	65	交通工具史话	郑若葵
	66	中西交流史话	张国刚
	67	满汉文化交流史话	定宜庄
	68	汉藏文化交流史话	刘　忠
	69	蒙藏文化交流史话	丁守璞　杨恩洪
	70	中日文化交流史话	冯佐哲
	71	中国阿拉伯文化交流史话	宋　岘
思想学术系列（21种）	72	文明起源史话	杜金鹏　焦天龙
	73	汉字史话	郭小武
	74	天文学史话	冯　时
	75	地理学史话	杜　瑜
	76	儒家史话	孙开泰
	77	法家史话	孙开泰
	78	兵家史话	王晓卫
	79	玄学史话	张齐明
	80	道教史话	王　卡
	81	佛教史话	魏道儒
	82	中国基督教史话	王美秀
	83	民间信仰史话	侯　杰
	84	训诂学史话	周信炎
	85	帛书史话	陈松长
	86	四书五经史话	黄鸿春

系列名	序号	书名	作者
思想学术系列（21种）	87	史学史话	谢保成
	88	哲学史话	谷　方
	89	方志史话	卫家雄
	90	考古学史话	朱乃诚
	91	物理学史话	王　冰
	92	地图史话	朱玲玲
文学艺术系列（8种）	93	书法史话	朱守道
	94	绘画史话	李福顺
	95	诗歌史话	陶文鹏
	96	散文史话	郑永晓
	97	音韵史话	张惠英
	98	戏曲史话	王卫民
	99	小说史话	周中明　吴家荣
	100	杂技史话	崔乐泉
社会风俗系列（13种）	101	宗族史话	冯尔康　阎爱民
	102	家庭史话	张国刚
	103	婚姻史话	张　涛　项永琴
	104	礼俗史话	王贵民
	105	节俗史话	韩养民　郭兴文
	106	饮食史话	王仁湘
	107	饮茶史话	王仁湘　杨焕新
	108	饮酒史话	袁立泽
	109	服饰史话	赵连赏
	110	体育史话	崔乐泉
	111	养生史话	罗时铭
	112	收藏史话	李雪梅
	113	丧葬史话	张捷夫

系列名	序号	书名	作者
近代政治史系列（28种）	114	鸦片战争史话	朱谐汉
	115	太平天国史话	张远鹏
	116	洋务运动史话	丁贤俊
	117	甲午战争史话	寇伟
	118	戊戌维新运动史话	刘悦斌
	119	义和团史话	卞修跃
	120	辛亥革命史话	张海鹏　邓红洲
	121	五四运动史话	常丕军
	122	北洋政府史话	潘荣　魏又行
	123	国民政府史话	郑则民
	124	十年内战史话	贾维
	125	中华苏维埃史话	温锐　刘强
	126	西安事变史话	李义彬
	127	抗日战争史话	荣维木
	128	陕甘宁边区政府史话	刘东社　刘全娥
	129	解放战争史话	朱宗震　汪朝光
	130	革命根据地史话	马洪武　王明生
	131	中国人民解放军史话	荣维木
	132	宪政史话	徐辉琪　付建成
	133	工人运动史话	唐玉良　高爱娣
	134	农民运动史话	方之光　龚云
	135	青年运动史话	郭贵儒
	136	妇女运动史话	刘红　刘光永
	137	土地改革史话	董志凯　陈廷煊
	138	买办史话	潘君祥　顾柏荣
	139	四大家族史话	江绍贞
	140	汪伪政权史话	闻少华
	141	伪满洲国史话	齐福霖

系列名	序号	书名	作者
近代经济生活系列（17种）	142	人口史话	姜涛
	143	禁烟史话	王宏斌
	144	海关史话	陈霞飞　蔡渭洲
	145	铁路史话	龚云
	146	矿业史话	纪辛
	147	航运史话	张后铨
	148	邮政史话	修晓波
	149	金融史话	陈争平
	150	通货膨胀史话	郑起东
	151	外债史话	陈争平
	152	商会史话	虞和平
	153	农业改进史话	章楷
	154	民族工业发展史话	徐建生
	155	灾荒史话	刘仰东　夏明方
	156	流民史话	池子华
	157	秘密社会史话	刘才赋
	158	旗人史话	刘小萌
近代中外关系系列（13种）	159	西洋器物传入中国史话	隋元芬
	160	中外不平等条约史话	李育民
	161	开埠史话	杜语
	162	教案史话	夏春涛
	163	中英关系史话	孙庆
	164	中法关系史话	葛夫平
	165	中德关系史话	杜继东
	166	中日关系史话	王建朗
	167	中美关系史话	陶文钊
	168	中俄关系史话	薛衔天
	169	中苏关系史话	黄纪莲
	170	华侨史话	陈民　任贵祥
	171	华工史话	董丛林

系列名	序号	书　名	作　者
近代精神文化系列（18种）	172	政治思想史话	朱志敏
	173	伦理道德史话	马　勇
	174	启蒙思潮史话	彭平一
	175	三民主义史话	贺　渊
	176	社会主义思潮史话	张　武　张艳国　喻承久
	177	无政府主义思潮史话	汤庭芬
	178	教育史话	朱从兵
	179	大学史话	金以林
	180	留学史话	刘志强　张学继
	181	法制史话	李　力
	182	报刊史话	李仲明
	183	出版史话	刘俐娜
	184	科学技术史话	姜　超
	185	翻译史话	王晓丹
	186	美术史话	龚产兴
	187	音乐史话	梁茂春
	188	电影史话	孙立峰
	189	话剧史话	梁淑安
近代区域文化系列（11种）	190	北京史话	果鸿孝
	191	上海史话	马学强　宋钻友
	192	天津史话	罗澍伟
	193	广州史话	张　磊　张　苹
	194	武汉史话	皮明庥　郑自来
	195	重庆史话	隗瀛涛　沈松平
	196	新疆史话	王建民
	197	西藏史话	徐志民
	198	香港史话	刘蜀永
	199	澳门史话	邓开颂　陆晓敏　杨仁飞
	200	台湾史话	程朝云

《中国史话》主要编辑
出版发行人

总 策 划	谢寿光	王　正	
执行策划	杨　群	徐思彦	宋月华
	梁艳玲	刘晖春	张国春
统　　筹	黄　丹	宋淑洁	
设计总监	孙元明		
市场推广	蔡继辉	刘德顺	李丽丽
责任印制	岳　阳